Prática de
**EXECUÇÃO DAS PENAS
PRIVATIVAS DE LIBERDADE**

S284p Scapini, Marco Antonio Bandeira
         Prática de execução das penas privativas de liberdade / Marco
       Antonio Bandeira Scapini. – Porto Alegre: Livraria do Advogado
       Editora, 2009.
         159 p.; 23 cm.
         ISBN 978-85-7348-642-1

         1. Execução penal. 2. Execução penal: Pena privativa de liber-
       dade. I. Título.

                                               CDU – 343.8

         Índices para catálogo sistemático:
       Execução penal: Pena privativa de liberdade   343.8:343.26
       Execução penal   343.8

       (Bibliotecária responsável: Marta Roberto, CRB-10/652)

Marco Antonio Bandeira Scapini

Prática de
**EXECUÇÃO DAS PENAS
PRIVATIVAS DE LIBERDADE**

Porto Alegre, 2009

© Marco Antonio Bandeira Scapini, 2009

Capa, projeto gráfico e diagramação
Livraria do Advogado Editora

Revisão
Rosane Marques Borba

Direitos desta edição reservados por
Livraria do Advogado Editora Ltda.
Rua Riachuelo, 1338
90010-273 Porto Alegre RS
Fone/fax: 0800-51-7522
editora@livrariadoadvogado.com.br
www.doadvogado.com.br

Impresso no Brasil / Printed in Brazil

Dedico a meus pais, Thereza Bandeira Scapini (*in memoriam*) e Arlindo Scapini, e a meus filhos, *Rafa*, *Begui*, *Quinho* e *Luca*.

Prefácio

> *Punível, jamais punido – nosso crime em relação aos criminosos consiste em tratá-los como patifes.*
> (Nietzsche)

Início

Nunca me foi fácil a tarefa de apresentar livros: sempre e sempre tive receio de parecer piegas – a honra do convite é forte tentação para elogios fáceis, discursos que vem do nada e vão a lugar nenhum. Então, tenho tendência de fugir de eventuais intimações.

Aqui, todavia, tudo se altera: me sentiria ofendido se não fosse convidado para fazer parte do primeiro livro do Marquinho. No meu narcisismo, jamais outra pessoa, que não eu, poderia apresentá-lo.

E explico

Os laços de afeto que me ligam a ele são incomensuráveis: somos companheiros de luta faz mais de vinte e cinco anos.

Iniciamos a carreira na magistratura gaúcha praticamente na mesma época. De logo, jurisdicionamos comarcas contíguas (ele, em Casca; eu, em Guaporé).

Tempo de insegurança: momento em que nada se sabe, mas que se pensa ter conhecimento bastante, ou, se sabe alguma coisa e pensa não saber. Aí a troca de experiências foi marcante na nossa (de)formação enquanto julgadores – muito aprendemos um com o outro e o outro com o um.

Aí constatamos que tínhamos forte identificação ideológica – no sentido de mundi-visão.

Sempre e sempre, no exercício jurisdicional, estivemos lado a lado, inclusive quando se forjou o movimento do direito alternativo

– época de dores e infindáveis alegrias por tudo aquilo que isso representou-representa no espaço jurídico contemporâneo.

E juntos, apesar de nossa marcante formação inicial no cível, cambiamos para a jurisdição criminal: ele, na execução penal na capital, e, eu, em vara criminal comum. No crime, encontramos nosso caminho e dele jamais nos deslocamos – somos desembargadores criminais integrantes de Câmaras que fazem parte do mesmo Grupo Criminal, no Tribunal de Justiça gaúcho.

Mas aí não estancou a parceria: somos amigos, insuportavelmente amigos, incontrolavelmente amigos.

A ligação familiar é intensa. A irmandade se estabeleceu – aquela em que se escolhe, se define, se garimpa, e não a imposta pelos "astros". E que se eterniza pela vinculação fincada entre nossos filhos.

Assim (outra vez meu narcisismo presente), quem deveria apresentar este livro? Eu!

Meio

Quando Marquinho optou por ser juiz da vara de execuções criminais na capital do Estado, muito conversamos – todos sabem da angústia que cerca este atuar, inclusive com os perigos que emergem (não raro, motins exigem um desprendimento físico espetacular); a dor por decidir sobre a vida de pessoas que historicamente são privadas dos primários direitos e sofrem, como se isso não fosse o bastante, a fúria dos perseguidores de plantão. Ele estava tenso!

Lembro de ter dito para ele: duas maneiras tens para atuar na vara de execução: (a) ou confias no homem (aí tua luta está em reduzir os danos, o sofrimento, dos apenados) ou (b) nele não confias (então, teu labor é destinado a manter-aumentar a dor). Era desnecessário dizer isso, pois conhecendo Marquinho era certo que o humanismo que sempre o caracterizou seria o pano de fundo de seu labor.

E assim foi! E assim é!

A prova de tudo está no presente livro – aqui, Marquinho democratiza toda sua experiência humanística no trato da execução penal.

Execução penal que é tão maltratada pelos juristas tupiniquins.

Ferrajoli (*Derecho y Razón*, Trotta, 1995, p. 767-768) ensina que "El derecho de policía, justamente por ser un derecho inferior o incluso un no-derecho, representa, en efecto, el sector quizá más olvidado por los estudios académicos. Aparece por doquier en esta materia una especie de esquizofrenia de la ciencia jurídica, tan atenta a los límites entre derecho penal y derecho administrativo a proposito de las contravenciones y de los ilícitos de bagatela – e incluso virtuosistamente preocupada por la posible desaparición de las garantías conseguintes a su despenalización – como desatenta e irresponsable frente al enorme universo de las medidas policiales y administrativas restrictivas de la libertad personal".

Em sua reflexão, ante esta negligência intelectual, o mestre procura as causas, e uma delas sobressai: "Finalmente, esse olvido explicita, inconsciente pero inconfundiblemente, la impronta clasista tanto de la cultura jurídica como de la política: las medidas de policía, especialmente las preventivas y de orden público, están, de hecho, destinadas prevalentemente a las capas más pobres y marginadas – subproletariado, prostitutas, vagabundos, ociosos, desempleados, subempleados, inmigrantes, etc. – de modo que su estudio resulta, a su vez, marginal con respecto a los intereses académicos tradicionales".

Ora, o transporte da lição ferrajoliana para a execução penal é inevitável: o descuido do tema é insuportável – raros, muito raros, são livros que tratem do tema e muito mais raros livros que o tratem dignamente!

É que lá na execução (leia-se presídios) não estão os *nossos*, estão *eles*, uma massa fétida de pobres, negros, analfabetos, desempregados. Qual o sentido da preservação dos direitos deles, de mínima dignidade carcerária? Ora, nenhum! A hipocrisia de nós, perfumados juristas, é alarmante – sequer ficamos ruborizados pelo resultado de nosso atuar penal!

Neste livro, constata-se que Marquinho segue na contramão do usual dominante, do senso comum que impera no espaço jurídico: os direitos do apenado – seja ele quem for, seja qual o crime cometido – são garantidos em sua potencialidade máxima. A radicalização das garantias do débil – outra vez, na linha de Farrajoli – é marca de Marco!

Aliás, supera o discurso fácil e estéril de alguns no sentido de que no cotejo entre as garantias do apenado e a segurança da sociedade, prepondera a última, como se fossem esferas estanques, como se ocorresse conflito entre os direitos do cidadão e os interesses sociais: estes só se legitimam quando preservam o "um" – o "todo" é a soma de todos os "um"; quando se faz valer os direitos do "um" se está fazendo garantir os direitos do "todo". Luc Ferry bem ensina: "Não se tem mais o direito de sacrificar os indivíduos para proteger o Todo, pois o Todo não é nada mais do que a soma dos indivíduos, uma construção ideal na qual cada ser humano, porque é 'um fim em si', não pode mais ser tratado como simples meio" (Aprender a Viver, 2006, p. 156).

A sensibilidade de Marquinho é por demais conhecida. Como poucos, neste tempo de narcisismo soberbo, carrega o espírito alargado de que fala Luc Ferry ("aquele que consegue arrancar-se de si para se 'colocar no lugar de outrem', não somente para melhor compreendê-lo, mas também para tentar, num momento em que se volta para si, olhar seus próprios juízos do ponto de vista que poderia ser o dos outros"), em contraposição do espírito limitado ("permanece envisgado em sua comunidade de origem a ponto de julgar que ela é a única possível ou, pelo menos, a única boa e legítima", p. 281 e 282).

Sua capacidade de se colocar no lugar do outro, sentir suas dores, a empatia de que fala o psicanalista David Zimmerman (não é mero simpático: o que apenas está ao lado do outro) é soberba.

E tal contaminação (espírito alargado, Luc Ferry; empatia, Zimmerman) pela dor do outro, faz o atuar de Marquinho ser único: o direito não é visto como instrumento de vingança jamais, apenas limite ao intolerante máximo, e não a qualquer intolerante, com o compromisso ético de que nem a unanimidade pode destruir princípios universais, conquistas da civilização, reservas éticas construídas na história.

Fim

O leitor tem em mãos um trabalho raro: a democratização de uma experiência de décadas, que parte de magistrado com rara sensibilidade e compromisso com a radicalidade democrática.

É, acima de tudo, alento para aqueles inconformados com a fúria persecutória que impera, desesperada na busca da destruição do "outro" – sim, delinquente, marginal, desumano, sempre é o "outro", na busca de aniquilar "em si" o mal que pensa estar fora.

No olhar de Marquinho, a pessoa que foi condenada – bem ou mal – é um ser humano, como todos, que eventualmente cometeu algum delito. Apenas isso. Nada mais que isso.

Faz presente a justiça do amor, e não a da vingança!

Boa leitura.

Verão de 2009.

Amilton Bueno de Carvalho

Sumário

Nota explicativa 17
1. Processo de execução criminal (PEC) 19
   1.1. Processo de Execução Criminal Provisório (PEC Provisório) 21
2. Competência 23
   2.1. Juízo da Execução 23
   2.2. Condenação imposta pela Justiça Federal 24
   2.3. Matéria Jurisdicional 24
   2.4. Matéria administrativa 25
   2.5. Limites da competência 25
3. Classificação – individualização da pena 27
4. Assistência e direitos do preso 30
   4.1. Assistência à saúde 30
   4.2. Assistência jurídica 31
   4.3. Assistência material 31
   4.4. Assistência educacional 32
   4.5. Assistência religiosa 34
   4.6. Direito à visita 35
   4.7. Visitas íntimas 39
   4.8. Sugestão para a concretização de direitos 39
5. Detração 41
   5.1. Detração própria 41
   5.2. Detração imprópria 42
6. Remoção ou transferência 44
7. Trabalho do preso 46
   7.1. Considerações gerais 46
   7.2. Trabalho interno 46
   7.3. Destinação da remuneração. Pecúlio. Liberação 47
   7.4. Trabalho externo 47
   7.5. Competência 48

7.6. Cumprimento mínimo de 1/6 da pena 49
7.7. Revogação do trabalho externo 49
8. Remição 51
8.1. Natureza jurídica 51
8.2. Perda do direito ao tempo remido 51
8.3. Trabalho durante prisão provisória 53
8.4. Trabalho externo 54
8.5. Trabalho no regime aberto 54
8.6. Estudo interno e externo 55
8.7. Trabalho na prisão domiciliar 56
8.8. Cumulativa (trabalho e estudo) 57
8.9. Ficta. Impossibilidade de trabalhar 57
8.10. Domingos e feriados 57
8.11. Trabalho exercido durante cumprimento de pena ou prisão provisória por crime anterior 58
8.12. Trabalho do internado 58
9. Soma e unificação das penas 59
9.1. Data-base 59
9.2. Condenações no mesmo processo ou em processos distintos 60
9.3. Condenação superveniente 61
9.4. Crime posterior ao início do cumprimento da pena. Cálculo e definição do regime 61
9.5. Crime anterior ao início do cumprimento da pena. Cálculo e definição do regime 62
9.6. Penas definitiva e provisória 63
9.7. Pena superior a 30 (trinta) anos 63
9.7.1. Tempo a cumprir. Regime e contagem dos prazos para benefícios . 64
9.8. Concurso de infrações (art. 76 do CP) 65
9.9. Exemplos de soma das penas, sobrevindo condenação 66
9.9.1. Crime anterior ao início do cumprimento da pena 66
9.9.2. Crime praticado no curso do cumprimento da pena, sem solução de continuidade (crime cometido no cárcere) 66
9.9.3. Crime praticado no curso do cumprimento de pena provisória, sem solução de continuidade (crime cometido, por exemplo, durante saída temporária) 66
9.9.4. Crime praticado após o início do cumprimento da pena, com solução de continuidade (crime cometido durante período de fuga) 67
9.9.5. Crime posterior ao início do cumprimento da pena limitada a 30 anos. Nova unificação 67

9.9.6. Crime praticado durante livramento condicional. Pena limitada a 30 anos. Nova unificação 67
10. Unificação das penas e continuidade delitiva 69
11. Disciplina 73
    11.1. Considerações gerais 73
    11.2. Princípio da legalidade ou da reserva legal 75
    11.3. Poder disciplinar e procedimento 75
    11.4. Falta grave 77
    11.5. Aplicação das sanções 78
    11.6. Regime disciplinar diferenciado 80
    11.7. Prescrição da falta disciplinar. Extinção da punibilidade 83
12. Autorizações de saída 86
    12.1. Permissão de saída 86
    12.2. Saída temporária 87
        12.2.1. Saída temporária automatizada 90
        12.2.2. Saída para procura de trabalho 92
        12.2.3. Revogação do benefício 93
13. Progressão de regime 95
    13.1. Requisitos 95
    13.2. Cumprimento de ao menos 1/6 da pena no regime anterior 99
    13.3. Progressão após regressão de regime 99
    13.4. Crimes hediondos e equiparados 101
    13.5. Lei 11.464, de 29/3/2007 102
14. Regressão de regime 105
    14.1. Prática de fato definido como falta grave 109
    14.2. Prática de fato definido como crime doloso 111
    14.3. Condenação por crime anterior 113
    14.4. Transferência do regime aberto 113
        14.4.1. Frustração dos fins da execução 113
        14.4.2. Não pagamento da multa cumulativa 114
15. Regime aberto. Prisão domiciliar 115
    15.1. Regras 115
    15.2. Condições 116
    15.3. Prisão domiciliar 117
16. Livramento condicional 127
    16.1. Requisitos objetivos 127
    16.2. Requisito subjetivo 128
    16.3. Livramento condicional e princípio da progressividade 130
    16.4. Revogação 131

  16.4.1. Revogação obrigatória 131
  16.4.2. Revogação facultativa 134
  16.4.3. Efeitos da revogação 135
 16.5. Suspensão 138
 16.6. Extinção da pena privativa de liberdade 139
 16.7. Reativação da pena 140
17. Conversões da pena privativa de liberdade 142
 17.1. Em restritiva de direitos 142
 17.2. Em medida de segurança 144
 17.3. Isenção do pagamento da multa 146
18. Interdição de estabelecimentos penais 148
19. Inspeção e apuração de responsabilidade 150
20. Procedimento e recurso 152

 Índice alfabético-remissivo 155

Nota explicativa

Com este livro, tento apenas registrar e, quem sabe, transmitir ideias colhidas no enfrentamento de questões do Direito de Execução Penal, abordando-as mais sob o aspecto prático, sem preocupação com pesquisas de doutrina e de jurisprudência. Por isso, limito-me a citar, basicamente, precedentes da Câmara em que atuava no Tribunal de Justiça do Rio Grande do Sul. Discorro, especificamente, sobre a execução das penas privativas de liberdade e sobre algumas questões relativas à das medidas de segurança. Deixei para escrever noutra oportunidade, se for possível, a respeito da execução das penas substituídas e suspensas e não me pareceu importante, no enfoque a que se propõe o livro, falar sobre os chamados "incidentes da execução". Atrevo-me, também, a dar algumas sugestões para tornar efetiva, em certos aspectos, a aplicação da LEP e facilitar o trabalho dos que operam na área.

Durante mais de quatro anos, de 1994 a 1998, exerci a atividade jurisdicional na Vara de Execuções Criminais de Porto Alegre e, inevitavelmente, captei pensamentos de doutrinadores, de colegas, de Promotores de Justiça, de Advogados, de Defensores Públicos, de assessores e, até mesmo, de leigos. Gostaria de citar todos. O problema é que incorporei as ideias e já não sei, exatamente, de onde partiram. Não esqueço, no entanto, dos inúmeros ensinamentos que me foram transmitidos, na luta diária daquela época, pelo Juiz de Direito Fernando Flores Cabral Júnior e pela Promotora de Justiça Ana Rita Schinestsck, ambos com destacada atuação na mesma Vara de Execuções Criminais. Tenho presentes, também, as valiosas lições dos Desembargadores Aymoré Roque Pottes de Mello, Nereu José Giacomolli e João Batista Marques Tovo, meus queridos colegas do tempo em que atuava na 6ª Câmara Criminal do TJ/RS, e de meus eternos "professores" Amilton Bueno de Carvalho e Marcelo Bandeira Pereira.

A todos agradeço, esperando não envergonhá-los.

1. Processo de Execução Criminal (PEC)

A execução criminal, se o réu estiver solto, tem início após o trânsito em julgado da sentença condenatória e a remessa de cópias de peças do processo de conhecimento ao juízo competente, que mandará autuá-las e registrá-las como processo de execução criminal (PEC). Os autos do processo original permanecem na vara perante a qual foi julgada a ação penal e para cada condenado haverá um PEC. O mesmo procedimento será adotado no caso de imposição de medida de segurança.

Se a pena privativa de liberdade foi substituída ou se foi concedida a suspensão condicional, o juiz da execução procederá, conforme o caso, na forma prevista no Título V, Capítulo II ou III, da LEP. Não tendo havido manifestação na sentença ou no acórdão sobre a substituição e a suspensão condicional, caberá ao juízo da execução pronunciar-se a respeito, por força do disposto no art. 66, III, *d*, da LEP.

No caso de execução da pena privativa de liberdade, se o condenado já estiver preso por outro motivo, cumprindo outra pena, o juiz estabelecerá o regime (art. 111 e parágrafo único da LEP), procederá à soma das penas e mandará retificar a guia de recolhimento (arts. 105 a 107 da LEP). Verificando a possibilidade de unificação das penas pela continuidade delitiva, o juiz ouvirá a respeito o Ministério Público e a defesa, decidindo após.

Estando solto o condenado, o juiz da execução determinará a expedição de mandado de prisão, no qual constará, necessariamente, o prazo de validade, que corresponde ao da prescrição pela pena concretizada, e o regime de cumprimento da pena estabelecido na sentença ou no acórdão.

A anotação do regime de cumprimento da pena tem a finalidade de evitar que o condenado seja recolhido a estabelecimento impróprio. Caso tenha sido fixado o regime aberto ou o semiaberto, por exemplo, o recolhimento do condenado em penitenciária, estabelecimento penal destinado ao cumprimento da pena em regime fechado (art. 87 da LEP) caracterizará constrangimento ilegal, por excesso de execução.

Fazer constar no mandado de prisão o prazo de sua validade, tem a óbvia finalidade de impedir que seja cumprido depois de extinta a punibilidade pela prescrição da pretensão executória.

No Estado do Rio Grande do Sul, a Consolidação Normativa Judicial da Corregedoria-Geral da Justiça estabelece, a respeito do PEC, o seguinte:

> Art. 941. Transitada em julgado a sentença condenatória, o Cartório de origem extrairá as peças para a formação do "Processo de Execução Criminal" (PEC), encaminhando-as à Vara de Execução da própria Comarca, para cadastramento e posterior remessa ao Juízo da efetiva execução, o qual confeccionará a ficha individual e a guia de recolhimento.
>
> § 1º Para cada réu condenado, sem prejuízo do disposto nos arts. 105 e seguintes da Lei nº 7.210/84, formar-se-á um Processo de Execução Criminal (PEC), individual e indivisível, reunindo todas as condenações impostas ao nominado, inclusive aquelas no curso da execução em andamento.
>
> § 2º O Processo de Execução Criminal será formado por uma ficha individual e conterá:
> a) cópia da sentença ou do acórdão (se for o caso);
> b) cópia da guia de recolhimento;
> c) cópia do despacho que recebeu a denúncia;
> d) cópia da certidão do trânsito em julgado para a acusação e para a defesa;
> e) certidão, em caso de ocorrência de prisão provisória (flagrante, preventiva ou temporária), do tempo de sua duração, ou estando esta em vigor, assinalar a data de seu início;
> f) cópia das declarações policiais, do interrogatório e das informações sobre a vida pregressa do réu;
> g) outros elementos indispensáveis à execução da pena, a critério do Juiz, tudo autenticado pelo Escrivão.
>
> § 3º Encaminhadas as peças do Processo de Execução (PEC) à Vara das Execuções Criminais, o cartório da condenação dará baixa e arquivará o processo original, lavrando-se certidão sobre a remessa das peças, e o Juízo da execução procederá o registro do Processo de Execução. Na contracapa do Processo de Execução Criminal (PEC) será anotado o número do processo que lhe deu origem.
>
> § 4º Também se formará o Processo de Execução Criminal (PEC), após o trânsito em julgado da sentença que aplicar medida de segurança. (...)

1.1. Processo de Execução Criminal Provisório (PEC Provisório)

A Lei de Execuções Penais, ao mencionar no art. 1º o objetivo da execução de "efetivar as disposições de sentença ou decisão criminal" e, no parágrafo único do art. 2º, a aplicabilidade de suas disposições "igualmente ao preso provisório", evidencia o cabimento e a necessidade da execução provisória da pena quando o réu estiver preso, salvo se a prisão for por outro motivo e lhe tiver sido assegurado o direito de recorrer em liberdade.

A Vara de Execuções Criminais de Porto Alegre, em abril de 1995, constatou a existência de número significativo de réus com prisão processual decretada e sentenças condenatórias já proferidas, mas pendentes de julgamento os recursos interpostos. Para muitos dos presos provisórios, as sentenças haviam estabelecido o regime aberto ou o semiaberto. Não obstante, continuavam recolhidos em estabelecimento de regime fechado e já contavam tempo suficiente para postularem benefícios próprios da fase de execução. Foi, então, encaminhada à Corregedoria-Geral da Justiça sugestão de provimento sobre o tema, ressaltando o constrangimento ilegal que da situação emergia. Havia casos de presos que acabavam por cumprir toda a pena em regime fechado, quando a sentença estabelecera outro, antes de terem seus recursos apreciados. Muitos desistiam dos recursos interpostos, para viabilizar a remessa dos processos de execução ao juiz competente e poderem formular os pedidos de benefícios previstos na LEP. A sugestão foi acolhida e criou-se em todo o Estado o "Processo de Execução Criminal Provisório", extraído imediatamente após a prolação de sentença condenatória e remetido à Vara de Execuções. Na Comarca de Porto Alegre, mais de quinhentos presos foram, de imediato, beneficiados com a remoção a estabelecimentos compatíveis com os regimes impostos e com a possibilidade de formular os pedidos inerentes à fase de execução. O sistema de informática foi adaptado para extrair a carta de guia provisória e permitir o processamento dos pedidos. A "Execução Provisória – PEC Provisório" está prevista nos arts. 930 a 934 da Consolidação Normativa da Corregedoria-Geral da Justiça.

É cabível a extração do PEC Provisório mesmo que da sentença condenatória o Ministério Público tenha interposto recurso. Se o juiz pode a qualquer tempo revogar a prisão preventiva, com maior razão, caso decida mantê-la, poderá determinar na sentença, momento mais sublime da atividade jurisdicional, que se execute provisoriamente a pena. A não expedição do PEC Provisório caracteriza constrangimento ilegal e enseja a impetração de *habeas corpus*.

Se o réu estiver cumprindo outra pena, o juiz procederá exatamente como se estivesse diante de nova condenação definitiva. Sobrevindo alteração da pena, basta que se retifique a guia, o que igualmente ocorre no caso de o tribunal absolver o réu, hipótese em que, comunicado imediatamente, o juiz da execução também mandará excluir a condenação. As sucessivas retificações da guia de recolhimento não acarretam qualquer problema, pois ocorrem, de qualquer modo, a cada alteração da pena e da situação do condenado.

Precedentes:

AGRAVO DA EXECUÇÃO (ART. 197 DA LEP). Pleito de progressão de regime. Sentença penal condenatória ainda não trânsita em julgado para o Ministério Público, inclusive. Circunstância concreta que não inviabiliza o exame do requisito objetivo temporal para a progressão de regime e seu eventual deferimento, a exemplo do caso sob exame. Precedentes do STF e STJ. Agravo improvido. (Agravo 70007396450, 6ª Câmara Criminal, TJ/RS, Rel. Des. Aymoré Roque Pottes de Mello, julgado em 04/12/2003)

HABEAS CORPUS. SENTENÇA CONDENATÓRIA SUJEITA A RECURSO. REGIME SEMI-ABERTO. EXECUÇÃO PROVISÓRIA. Mesmo que tenha sido interposto recurso da sentença condenatória, o preso provisório tem direito a postular os benefícios da fase de execução. Situação que impõe a extração de peças do processo, com remessa ao juízo de execução para formação do processo de execução criminal (PEC) provisório, expedição de guia de recolhimento e apreciação dos pedidos formulados. Caracteriza constrangimento ilegal, manter o preso em regime fechado, aguardando julgamento de recurso, se a sentença estabelece outro para o início da execução da pena. Ordem concedida em parte. (*Habeas corpus* 698121720, 2ª Câmara de Férias Criminal, TJ/RS, Rel. MABS, julgado em 30/7/1998)

2. Competência

2.1. Juízo da Execução

O art. 65 da LEP dispõe:

> A execução penal competirá ao juiz indicado na lei de organização judiciária e, na sua ausência, ao da sentença.

Cada Estado da Federação tem a função de estabelecer, de acordo com as suas particularidades, a competência de seus juízes para a execução penal, fazendo-o por meio de lei (código de organização judiciária) de iniciativa do Poder Judiciário. Inexistindo lei, a execução competirá ao próprio juiz da sentença, o que é de todo desaconselhável, não só pela natural diversidade de entendimentos, como também pelos aspectos administrativos da atividade jurisdicional da execução das penas.

É importante evitar que apenados com situações jurídicas semelhantes recebam tratamentos totalmente distintos no tocante aos benefícios da execução. O fato de para um ser concedido, por exemplo, o serviço externo no regime semiaberto, independentemente do cumprimento de 1/6 da pena, e para outro não, constitui para o preterido motivo de enorme insatisfação, o que gera sérios problemas à administração prisional. Por outro lado, é necessário definir o juízo encarregado de cumprir as disposições dos incisos VI, VII, VIII e IX do art. 66 da LEP.

A regra, no entanto, é a existência de lei, com varas que tratam exclusivamente da execução penal, nas grandes comarcas. Há possibilidade de centralização da execução penal em uma única vara, com competência em todos os estabelecimentos penais da unidade federativa. Centralizar a execução não me parece boa ideia, por vários motivos, dentre os quais destaco: a dificuldade ou a inviabilização das inspeções mensais (art. 66, VII); o distanciamento entre o juiz e o apenado; a dificuldade de acesso de familiares às informações do processo; a inevitável centralização, também, das atividades do Ministério Público; e os obstáculos que cria para a atuação da defesa, modo especial se exercida pela Defensoria Pública.

É possível, também, adotar o sistema de regionalização, que, dependendo da área abrangida e da estrutura, pode acarretar problemas semelhantes aos gerados pela centralização mais ampla.

O melhor sistema, ainda, parece ser o da distribuição da competência para a execução das penas privativas de liberdade de acordo com a localização do estabelecimento penal. Assim, o juiz da comarca onde está localizado o estabelecimento será o competente para a execução das penas impostas aos condenados que lá se encontram.

Nesse último sistema e, por vezes, no da regionalização, a transferência definitiva do apenado para estabelecimento de outra comarca modifica a competência. Em outras palavras, o processo segue o condenado, de modo que o juiz competente sempre será o da comarca onde o apenado se encontra.

2.2. Condenação imposta pela Justiça Federal

Nas condenações a penas privativas de liberdade aplicadas pela Justiça Federal, estando o condenado recolhido a estabelecimento sob jurisdição estadual, à Justiça Comum competirá a execução.

Nesse caso, das decisões proferidas em 1º grau de jurisdição, na fase de execução, o recurso cabível (agravo) será sempre dirigido ao tribunal estadual competente para julgá-lo. Também, caberá à justiça estadual o julgamento de mandado de segurança, de *habeas corpus* e de correição parcial contra atos do juiz da execução.

2.3. Matéria Jurisdicional

Os incisos I a V do art. 66 da LEP especificam a matéria de natureza jurisdicional de competência do juiz da execução. No entanto, o rol do mencionado artigo não é exaustivo. Exemplificando, cabe também ao juiz, no exercício da atividade jurisdicional, homologar ou não as decisões da autoridade administrativa, relativas a serviço externo e a infrações disciplinares.

O inciso I trata da aplicação do princípio da legalidade, que vigora na execução penal, fazendo retroagir a lei posterior mais benéfica.

O inciso II fala da extinção da punibilidade, que se dá nas hipóteses previstas nos arts. 82 e 107, I, II, III e IV, do CP e 109, 146, 187 e 192 da LEP.[1]

2.4. Matéria administrativa

Embora inerente à atividade jurisdicional, têm cunho misto ou, essencialmente, administrativo as atribuições dos incisos seguintes do art. 66 da LEP, a saber:

> VI – zelar pelo correto cumprimento da pena e da medida de segurança;
> VII – inspecionar, mensalmente, os estabelecimentos penais, tomando providências para o adequado funcionamento e promovendo, quando for o caso, a apuração de responsabilidade;
> VIII – interditar, no todo ou em parte, estabelecimento penal que estiver funcionando em condições inadequadas ou com infringência aos dispositivos desta Lei;
> IX – compor e instalar o Conselho da Comunidade".

Os incisos transcritos atribuem ao juiz da execução o poder de controle da legalidade da execução penal. O juiz não necessita, para resguardar a legalidade, ser provocado, tendo o poder-dever de atuar mesmo de ofício, sempre que se deparar com situação de afronta à LEP e, desnecessário falar, à Constituição Federal e aos Tratados Internacionais de Direitos Humanos, como a Convenção Americana Sobre Direitos Humanos (Pacto de San José da Costa Rica), ratificada sem reservas pelo Brasil, em 25/9/92, e cujo cumprimento foi determinado pelo Decreto 678, de 06/11/92.

Quando atua sem ser provocado, no plano administrativo, o juiz pode se utilizar de provimentos, portarias, ordens de serviço e até mesmo de simples ofício.

2.5. Limites da competência

Há uma zona nebulosa entre os limites de competência do Judiciário e do Executivo na execução das penas privativas de liberdade. Uma regra simples, entretanto, é capaz de delimitar as competências: todas as questões que envolvam a segurança dos

---

[1] Os temas, no que concerne à LEP, são abordados em itens específicos.

estabelecimentos penais dizem respeito à administração, sendo de competência do Poder Executivo, o exclui a possibilidade de o juiz interferir, salvo se violada a lei, de modo a atingir a pessoa do preso; por outro lado, tudo que envolva, diretamente, a pessoa do preso interessa à autoridade judiciária, que terá, então, o poder-dever de intervir, provocada ou não.

Assim, por exemplo, se as grades da penitenciária forem muito grossas ou finas, se a guarda externa for insuficiente, se o número de agentes penitenciários não é o adequado, estas são questões que não dizem respeito à atividade do juiz da execução. Por outro lado, se há superlotação, se há presos em delegacia de polícia, se qualquer dos direitos do preso (art. 41 da LEP) for violado, se colocaram cercas eletrificadas em estabelecimento do regime semiaberto ou obstáculos físicos contra a fuga em albergue, se as celas são insalubres, se o preso for torturado, sofrer qualquer tipo de agressão (física ou moral) ou estiver sendo utilizado como instrumento de corrupção, como costuma ocorrer nos cárceres brasileiros, caberá à autoridade judiciária intervir. A omissão, dependendo da natureza e da gravidade do fato, poderá caracterizar a infração prevista no art. 1°, § 2°, da Lei 9.455/97 e colocar o juiz na incômoda posição de agente de violação dos Direitos Humanos.

3. Classificação – individualização da pena

A classificação do condenado objetiva individualizar a pena, de modo a executá-la de acordo com as características de cada cidadão preso (idade, sexo, antecedentes e personalidade) e com a natureza do delito que cometeu. A individualização parte do pressuposto óbvio de que nem todos são iguais, ou melhor, de que cada ser humano é diferente do outro. Assim, para que a execução penal atinja seus objetivos de "efetivar as disposições de sentença ou decisão criminal e proporcionar condições para a harmônica integração social do condenado e do internado" (art. 1º da LEP), cada preso deve receber tratamento específico. Procura, também, a lei, como efeito direto da individualização, evitar o convívio no cárcere de presos provisórios e condenados, primários e reincidentes, presumivelmente violentos e não violentos.

A individualização da pena está prevista no art. 5º, XLVI e XLVIII, da CF, no art. 34, *caput*, do CP e nos arts. 5º a 9º da LEP. Cabe à Comissão Técnica de Classificação, existente em cada estabelecimento penal, proceder à classificação e elaborar o plano de individualização para os condenados à pena privativa de liberdade. No caso de pena restritiva de direitos, a Comissão funcionará junto à Vara de Execuções Criminais e será integrada por assistentes sociais, basicamente, sendo, no entanto, importante a presença de psicólogos e psiquiatras.

Sem esquecer que pretender alcançar "harmônica integração social", mantendo a pessoa presa, constitui evidente paradoxo, como a sociedade não encontrou ainda alternativa para a prisão, a individualização da pena seria de fato importantíssima. "Seria", porque, apesar de prevista inclusive na Constituição Federal, não passa de utopia. A superlotação dos estabelecimentos penais, modo especial, das penitenciárias e, em vários Estados, das celas das delegacias de polícia, onde presos são literalmente amontoados, por si só, impede o desenvolvimento de qualquer programa tendente à individualização da execução. Tal situação acentua a inexplicável omissão do Poder Executivo, com aval do Judiciário e do Ministério Público, que nada, ou muito pouco, fazem para coibir a terrível realidade das masmorras brasileiras. E o pior de tudo é que muitos acreditam que a situação é a ideal, que o sofrimento imposto é merecido, esquecendo, primeiro, que se trata de seres humanos e, segundo, que estão a desenvolver reações interiores agravantes. Os que sobreviverem sairão em liberdade (centenas saem a cada dia) e a sociedade experimentará o resultado de sua criação.

Seja como for, não sendo lícito ao juiz transigir com direito alheio, no início da execução da pena privativa de liberdade, deve determinar a elaboração do programa de individualização da pena, cuja implementação cabe ao Poder Executivo.

O Tribunal de Justiça gaúcho já se pronunciou a respeito:

EXECUÇÃO PENAL. EXAME DE CLASSIFICAÇÃO PARA INDIVIDUALIZAÇÃO DA PENA. PROVIDÊNCIA QUE DECORRE DE COMANDO CONSTITUCIONAL E DE DISPOSIÇÕES EXPRESSAS NA LEP E NO CP. Direito do apenado que não pode ser suprimido em função das deficiências estruturais dos estabelecimentos penais e da circunstância de ter sido estabelecido para a execução da pena o regime integralmente fechado, embora tais fatores dificultem sobremodo a individualização. Agravo provido. (Agravo em execução 70012758397, 6ª Câmara Criminal, Rel. MABS, julgado em 29/9/2005)

Fundamentação:

A rigor, o exame para individualização da pena deveria ser realizado ainda no processo de conhecimento. Trata-se de direito do condenado decorrente do art. 5º, XLVI, da CF, e previsto no art. 8º da LEP e no art. 34, caput, do CP. Não importam as condições de fato dos nossos estabelecimentos penais e a circunstância de o regime estabelecido ter sido o integralmente fechado (embora constituam fatores que inegavelmente dificultam sobremodo a individualização), já que a pena deve ser executada de acordo com as condições pessoais do condenado. O exame, então, ainda que o apenado não possa obter progressão de regime, poderá esclarecer que tipo de trabalho interno mais se adequa às suas condições, em que local do estabelecimento deverá cumprir a pena e se necessita de acompanhamento psicossocial e de acesso à assistência educacional. Poderá ainda indicar os meios capazes de impedir que o apenado perca os vínculos familiares ou os resgate, se já não os tem. Com a devida vênia, parece-me que os operadores do direito não podem, simplesmente, deixar de cumprir as disposições da LEP, modo especial quanto aos benefícios dos condenados e as regras que orientam a execução, em face das deficiências estruturais do Estado. Ignorar os direitos do preso, em função disso, implica adesão às omissões históricas do Estado, que no final das contas vêm sempre em prejuízo da sociedade. A argumentação tecida na manifestação do Ministério Público e na respeitável decisão recorrida, cumpre referir, só fazem denotar a manifesta inconstitucionalidade do regime integralmente fechado.

4. Assistência e direitos do preso

A assistência e os direitos do preso estão previstos nos arts. 10 a 24 e 40 a 43 da LEP, 38-39 do CP e 5º, XLVII, *e*, XLVIII, XLIX e L, da CF. Discorrer sobre assistência e direitos de pessoas presas nas masmorras brasileiras é algo como elaborar um texto de ficção.

Seja como for, para não se tornar cúmplice das flagrantes violações dos Direitos Humanos, o juiz da execução, no âmbito da sua competência, diante de reclamação do preso, de qualquer dos órgãos da execução ou mesmo de ofício, constatando a sonegação de direitos dos apenados, deve apurar responsabilidades e determinar que a autoridade administrativa cumpra as disposições legais.

4.1. Assistência à saúde

A mais grave das omissões diz com a assistência à saúde do preso e do internado, de caráter preventivo e curativo, compreendendo atendimento médico, farmacêutico e odontológico (art. 14, *caput*, da LEP). Se o preso ou o internado estiver doente, e o estabelecimento penal não dispuser de médico e dentista ou se, dispondo, não for possível o tratamento no local, permanecendo inerte a autoridade administrativa, o juiz ordenará que tome imediatas providências no sentido de que seja proporcionada a assistência necessária em hospital da rede pública. Por mais incrível que possa parecer, há autoridades que, em atitude de absoluto desprezo à vida humana, ficam contemplando o preso doente morrer aos poucos, talvez por imaginarem que a obrigação de fornecer os meios necessários para a assistência médica seja facultativa ou precise de previsão legal mais impositiva do que a do art. 14, § 2º, da LEP. Ao expedir a ordem, é sempre aconselhável que o juiz o faça por mandado, com a advertência de que o descumprimento poderá configurar desobediência e omissão de socorro.

É comum a utilização do infame argumento de que, se a população carente não tem assistência médica, os presos não podem reclamá-la para si. Sem levar em conta os aspectos legais e o fato de a maioria das doenças contraídas pelos presos (DST, leptospirose, tuberculose, pneumonia, dermatites etc.) decorrerem das próprias condições insalubres e promíscuas dos estabelecimentos penais, negar-lhes atendimento é tão ou mais cruel do que não proporcionar o acesso da população à saúde. A pessoa que está em liberdade tem pelo menos a possibilidade de lutar pela assistência, diversamente do preso, que, aliás, está sob custódia do estado.

4.2. Assistência jurídica

Na ordem de gravidade, em segundo lugar, está a falta de assistência jurídica (art. 15 da LEP), em certos lugares proporcionada razoavelmente, com incomparável dedicação, pela Defensoria Pública. Falta-lhe, no entanto, a estrutura necessária. Assim é que qualquer carta ou bilhete encaminhado por preso deve ser recebido como se de petição se tratasse, juntado aos autos e processado, se já não houver postulação idêntica tramitando. Afinal, o preso, pessoalmente, tem direito de representação e petição a qualquer autoridade, em defesa de direito (art. 41, XIV, da LEP).

Neste sentido decidiu a 6ª Câmara Criminal do TJ/RS em recurso do qual fui relator:

> PROCESSO DE EXECUÇÃO CRIMINAL. PROCURADOR CONSTITUÍDO PELO APENADO NOS AUTOS DO PROCESSO PENAL. INDULTO. PEDIDO DE EXTINÇÃO DA PUNIBILIDADE FORMULADO PELA DEFENSORIA PÚBLICA. POSSIBILIDADE. Providência que pode ser tomada de ofício, a requerimento do interessado, mesmo pessoalmente, do ministério público, ou por iniciativa do conselho penitenciário ou da autoridade administrativa (art. 193 da LEP). Agravo provido. Decisão desconstituída. (Agravo 70006269401, julgado em 14/8/2003)

4.3. Assistência material

O ônus da assistência material, que consiste no fornecimento de alimentação, vestuário e instalações higiênicas (art. 12 da LEP), é tacitamente transferido em parte aos familiares do preso. O Estado simplesmente não cumpre seu dever ou o cumpre de modo absolutamente insatisfatório. Por isso, acaba tolerando que os familiares alcancem aos presos, na medida do possível, aquilo de que mais carecem. As práticas instituídas por força das carências materiais constituem sérios fatores de corrupção. Quanto aos internados, como de regra são abandonados por seus familiares e não corrompem, ficam jogados à própria sorte.

4.4. Assistência educacional

É óbvio que a assistência educacional (arts. 17 a 21 da LEP) e a assistência social (arts. 22 e 23 da LEP), fossem prestadas adequadamente aos presos, modo especial aos pobres e miseráveis, aos analfabetos e àqueles que não têm ofício ou profissão, consistiriam fatores de alta relevância para o retorno ao convívio social. Os Órgãos da execução, quando não tomarem a iniciativa, devem pelo menos incentivar ou não criar obstáculos à implantação de programas de alfabetização e de conclusão de níveis de ensino, de cursos profissionalizantes e de outras medidas que permitam o acesso do preso e de seus familiares aos bens mais elementares da vida.

Há precedente da 6ª Câmara Criminal do TJ/RS sobre o direito ao estudo:

AGRAVO DA EXECUÇÃO (ART. 197 DA LEP). DEFERIMENTO DE PLEITO DE AUTORIZAÇÃO PARA ESTUDO NO PERÍODO NOTURNO, COM A FLEXIBILIZAÇÃO DO HORÁRIO DE RETORNO PARA O REPOUSO DO REGIME ABERTO. Retirar do apenado o direito ao trabalho e ao estudo, sob a alegação de que ele deve enquadrar-se às regras abstratas da execução da pena, considerando inviável qualquer flexibilização no horário do seu retorno à casa prisional para o repouso noturno, significa restringir o âmbito de aplicação de institutos de valor real à máxima ressocialização do apenado, e, inclusive, subtrair eficácia ao princípio da individualização da pena. Agravo improvido. (Agravo 70011678216, Rel. Des. Aymoré Roque Pottes de Mello, julgado em 24/8/2005)

Fundamentação:

1. Com a vênia do digno agente ministerial, entendo que a tese sufragada na decisão recorrida provém de uma leitura sensata da Lei Penal e dos objetivos das penas nela previstas.
Examine-se.
2 .O entendimento adotado na decisão recorrida vai na mão do objetivo ressocializador da pena, passo em que toda e qualquer atividade que assuma papel de relevo na efetiva ressocialização do apenado – em contrapartida positiva, desesti-

mulando o pernicioso ócio – deve ser valorizada ao máximo, mormente quando se tratar de atividade relacionada ao estudo.

Lembre-se, aqui, que a Constituição Federal de 1988 elenca como um dos fundamentos da República Federativa do Brasil os valores sociais do trabalho e da livre iniciativa (art. 1º., caput e inc. IV), bem assim elege o direito ao trabalho e ao estudo como garantias sociais fundamentais de todo e qualquer cidadão brasileiro (art. 6º).

Nesta esteira, não deferir ao apenado o direito ao trabalho e ao estudo, sob a alegação de que ele deve enquadrar-se às regras abstratas da execução da pena, considerando inviável qualquer flexibilização de horário, significa restringir o âmbito de aplicação de institutos muito valiosos para a ressocialização do apenado e, inclusive, subtrair máxima eficácia ao princípio da individualização da pena.

Em tempos de altos índices de desemprego, que atingem inclusive as camadas sociais mais organizadas da sociedade, a disponibilidade e a realização de trabalho pelo agravado deve ser valorizada e estimulada, bem assim a sua correlata capacitação pessoal e profissional, buscada através do estudo, inclusive a ponto de admitir-se a flexibilização das regras estampadas na Lei Penal.

Ressalvo, por óbvio, que isso não significa a criação pretoriana de um regime de cumprimento da pena de natureza diversa das legisladas. Porém, não se pode perder de vista o papel integrador do juiz na interpretação do Direito legislado, em face das circunstâncias específicas de cada caso e da situação social contemporânea. Neste sentido, as regras definidoras e diferenciadoras de cada um dos três regimes de cumprimento de pena previstas na LEP devem ser lidas como estruturais do sistema da execução da pena carcerária, recebendo as adaptações necessárias para o atingimento do próprio fim a que foram propostas (ressocializar).

3. Assim, a decisão recorrida vai mantida por seus próprios e jurídicos fundamentos, ora adotados como parte integrante das razões de decidir o recurso, verbis (fl. 05):

"(...) Tenho que a educação é a melhor forma de ressocializar uma pessoa. O Judiciário e a sociedade em geral devem aplaudir a iniciativa deste apenado, que já se encontra no meio aberto e, ao que parece, está buscando melhores condições de vida.

Inclusive, a Jurisprudência tem se posicionado no sentido de considerar horas de estudo como trabalho, inclusive para fins de remição. Logo, é de se considerar que ao estudar, o apenado está ampliando o seu horário de trabalho (...)."

Veja-se, ademais, que a decisão recorrida não liberou o apenado do repouso noturno, mas tão-só flexibilizou o horário de retorno à Casa Prisional, para que ele pudesse estudar.

Ademais, ressalto que o agravado trabalha nos dois períodos diurnos, razão pela qual só lhe resta o período noturno para buscar o seu aprimoramento intelectual.

Enfim, entendo que a decisão recorrida não desnatura o regime de cumprimento de pena do agravado (aberto), fortalecendo um dos instrumentos mais eficazes para a ressocialização de apenados, em plena sintonia com a inteligência da Lei de Execução Penal e com o princípio constitucional da individualização da pena (princípio da máxima efetividade das diretrizes constitucionais).

4. Por derradeiro, em atenção ao arrazoado recursal, anoto que a especificação dos horários das aulas a serem freqüentadas pelo agravado devem ser procedidos na fase de implementação do benefício, naturalmente sujeita à fiscalização do Ministério Público.

4.5. Assistência religiosa

Das assistências, a religiosa parece ser a mais efetiva nos estabelecimentos de regime fechado. Comunidades religiosas encontram nas penitenciárias campos férteis para a pregação, incentivada pelas autoridades. Interessante é que os presos que aderem a determinada corrente religiosa passam a ter condutas semelhantes, quase padronizadas. Alguns dizem que esses presos perdem a liberdade de pensamento e sustentam que o ingresso de pregadores nos estabelecimentos penais deveria ser restringido ou suprimido. No entanto, trata-se de um direito e, não raro, presos considerados "irrecuperáveis" mudam completamente a forma de proceder, aderindo a valores predominantes.

A 6ª Câmara Criminal do TJ/RS julgou caso em que o apenado do regime semiaberto postulava autorização para frequentar cultos religiosos. Eis a ementa do acórdão:

> EXECUÇÃO PENAL. FREQÜENCIA À ATIVIDADE DE FORMAÇÃO *LATO SENSU* (CULTO RELIGIOSO), APÓS HORÁRIO DO TRABALHO EXTERNO. ADEQUAÇÃO À FINALIDADE PRECÍPUA DA EXECUÇÃO PENAL (HARMÔNICA INTEGRAÇÃO SOCIAL). BENEFÍCIO CONCEDIDO. Agravo parcialmente provido. (Agravo 70009521980, Rel. MABS, julgado em 30/9/2004)

E parte da fundamentação:

> O preso do regime semi-aberto encontra-se em processo de retomada dos seus vínculos com a comunidade. A possibilidade do trabalho externo lhe oferece um caminho para a reinserção que diz respeito a sua dimensão produtiva e, por decorrência, às condições para o sustento próprio e dos seus. O ser humano, entretanto, não se resume à condição laboral, nem o processo de reinserção mencionado pode ser ultimado em uma única dimensão da existência.
> (...)
> Ao examinarmos a Lei de Execução Penal, observamos que a possibilidade das saídas temporárias, sem vigilância direta, para os presos do regime semi-aberto inclui a visita à família, a freqüência a curso supletivo profissionalizante, bem como de 2º grau ou superior e a "participação em atividades que concorram para o retorno ao convívio social" (art. 122, inciso III, LEP, grifei). Aqui, mais uma vez, a Lei é clara ao propor um conteúdo ressocializador ao cumprimento das penas. Mais adiante, o instituto das saídas temporárias encontrará uma limitação máxima de 35 dias ao

ano que, entretanto, não se aplica ao tempo necessário para a freqüência de curso profissionalizante, de 2º grau ou superior. Nesses casos, o parágrafo único do artigo 124 afirma que o tempo da saída deverá ser "o necessário para o cumprimento das atividades discentes" (grifei). Ora, o que estamos tratando, quando da freqüência aos cursos mencionados, é do processo de formação. No caso, a menção explícita feita pelo texto legal refere-se ao processo de educação formal que, como se sabe, exige a presença dos alunos e controla suas freqüências. Ninguém colocaria em dúvida, de qualquer forma, que a educação religiosa seja componente importante na formação daqueles que possuem alguma fé. Se estamos preocupados, de fato, com o processo de ressocialização e se este objetivo assinala o núcleo teleológico da própria LEP, a freqüência a outras alternativas de formação intelectual e de engrandecimento da vida espiritual só pode produzir um bem, para condenados à pena privativa de liberdade e para a sociedade. (...)

4.6. Direito à visita

Talvez o fator que mais contribua para a institucionalização do preso e a reincidência, além das condições de privação da liberdade e das penas excessivamente longas, seja a perda ou a inexistência de vínculos familiares. Esta é uma das razões da importância de fazer com que o preso cumpra a pena privativa de liberdade perto de sua família, de modo a viabilizar a visitação regular.

O TJ/RS já afirmou que inviabilizar o direito de visitas implica exacerbação da pena:

TRANSFERÊNCIA PROVISÓRIA DE PRESO. SITUAÇÃO EMERGENCIAL. REBELIÃO. NECESSIDADE DE OBRAS NO PRÉDIO. MEDIDA QUE, NO ENTANTO, TORNOU-SE DEFINITIVA. AFASTAMENTO DA FAMÍLIA. INVIABILIZAÇÃO DO DIREITO DE RECEBER VISITAS. ROMPIMENTO DOS VÍNCULOS. EXACERBAÇÃO DA PENA E DESVIO DA FINALIDADE PRIMORDIAL DA EXECUÇÃO PENAL. ILEGALIDADE RECONHECIDA. RETORNO DO APENADO AO ESTABELECIMENTO DE ORIGEM ASSEGURADO. Agravo provido. (Agravo 70007058258, 6ª Câmara Criminal, Rel. MABS, julgado em 16/10/2003)

Fundamentação:

Colhe-se dos autos que o apenado foi transferido, provisoriamente, para a Penitenciária Estadual do Jacuí, em face de rebelião ocorrida na PICS, que acarretou a necessidade de reconstrução do prédio (fl. 25).
Diante de situação emergencial, era possível a remoção provisória, com autorização do Juízo de Execução de Porto Alegre, sob jurisdição do qual encontra-se a PEJ.
Ocorre, no entanto, que a transferência efetivada em novembro/2002, tornou-se, aparentemente, definitiva, em situação ilegal, agravada pela permanência do processo de execução na Comarca de Caxias do Sul.

Já transcorreu tempo suficiente para o reparo ou reconstrução do prédio, motivo único da transferência.

Pelo que consta, o apenado é de Caxias do Sul, e lá residem seus familiares, pessoas presumivelmente pobres. A permanência do preso em Charqueadas inviabiliza ou dificulta, extremamente, o direito de receber visitas, previsto no art. 41, X, da LEP, além de constituir exacerbação e desvio da execução da pena. Com efeito, o distanciamento da família, a longo prazo (e a pena, no caso, é longa), acarreta perda dos vínculos, dificultando a "harmônica integração social do condenado" objetivo primordial da execução penal (art. 1º da LEP).

Além disso, inflinge sofrimento, não previsto na sentença condenatória, ao preso e seus familiares, punidos indiretamente, em afronta ao art. 5º, XLV, da CF.

Os princípios que norteiam a execução penal e o art. 103 da LEP, aplicável por analogia, estabelecem como regra a permanência do preso em local próximo ao seu meio social e familiar. Por óbvio, apenas em situações excepcionais admite-se o rompimento da regra.

Permito-me transcrever o precedente citado pelo combativo Defensor Público nas razões de recurso:

PENA. CUMPRIMENTO. TRANSFERÊNCIA DE PRESO. NATUREZA. Tanto quanto possível, incumbe ao Estado adotar medidas preparatórias ao retorno do condenado ao convívio social. Os valores humanos fulminam os enfoques segregacionistas. A ordem jurídica em vigor consagra o direito do preso de ser transferido para local em que possua raízes, visando à indispensável assistência pelos familiares. Os óbices ao acolhimento do pleito devem ser inafastáveis e exsurgir ao primeiro exame, consideradas as precárias condições do sistema carcerário pátrio. Eficácia do disposto nos artigos 1º e 86 da Lei de Execução Penal – Lei nº 7.210 – Lei nº 7.210, de 11 de julho de 1984 – Precedente: habeas corpus nº 62.411 – DF, julgado na Segunda Turma, relatado pelo Ministro Aldir Passarinho, tendo sido o acórdão publicado na Revista Trimestral de Jurisprudência nº 113, à página 1.049. (HC 71.179/PR, acórdão de 19/4/1.994, Rel. Min. Marco Aurélio, Segunda Turma, STF)

Por fim, se há superlotação na Penitenciária de Caxias do Sul, o mesmo ocorre na PEJ.

O distanciamento constitui obstáculo comumente instransponível para famílias pobres, como de regra são as dos apenados. Até mesmo as mães, com a distância, deixam muitas vezes de visitar os filhos presos.[2]

---

[2] Falo das mães, porque com o apoio dos pais, quando os conhecem, os condenados não podem contar. Durante mais de quatro anos de exercício da atividade jurisdicional na Vara de Execuções Criminais de Porto Alegre/RS, devo ter recebido e conversado com cerca de duas mil mães de presos, não sei ao certo. Mas há algo de que tenho certeza: durante esse mesmo período falei com não mais do que cinco pais de presos. Creio que isto bem demonstra que para o pai os muros da penitenciária constituem obstáculo invencível; para a mãe significam que o filho está passando por dificuldades e necessita mais do que nunca do seu auxílio.

O certo é que as visitas, ao invés de restringidas, devem ser incentivadas, inclusive as dos filhos menores dos apenados. Deparando-se com pedido de autorização de visita de criança a apenado, o juiz, antes de decidir, verificará se é conveniente ou necessário determinar que psicólogos e assistentes sociais ofereçam pareceres a respeito do caso específico. Ainda que não esteja atrelado às conclusões dos laudos, é sempre importante que o juiz tome conhecimento da situação da criança, do seu desejo e das repercussões da decisão a ser proferida. O direito preponderante, obviamente, é o da criança. No Rio Grande do Sul, os Juízes costumam utilizar para tanto a estrutura das Varas da Infância e da Juventude, quando inexistente na própria vara de execuções criminais.

Excepcionalmente o pedido é negado. É óbvio que o ambiente do cárcere é impróprio para crianças. Todavia, a conclusão é a de que o mal maior para a criança reside em perder a referência paterna, mesmo que o pai seja um preso. Ao contrário do que muitos imaginam, os riscos para os visitantes são mínimos. Os presos costumam estabelecer regras informais de conduta, que se difundem com impressionante eficiência entre os estabelecimentos carcerários, vencendo todas as distâncias e criando uma espécie de cultura única. Uma das mais importantes dessas regras é a do respeito aos familiares visitantes. O descumprimento produz consequências, geralmente, muito graves. No primoroso livro "Estação Carandiru" (Editora Companhia das Letras), Dráuzio Varella fala a respeito e oferece retrato fiel da realidade.

O pensamento das Câmaras integrantes do 3º Grupo Criminal do TJ/RS é sintetizado nos seguintes precedentes:

> EXECUÇÃO PENAL. DIREITO DE VISITA. CRIANÇA (5 ANOS). ALEGAÇÃO DE QUE O APENADO É PADRASTO DO MENINO. VIABILIDADE, EM TESE. NECESSIDADE DE ESTUDO SOCIAL. DECISÃO DESCONSTITUÍDA. Agravo prejudicado. (Agravo 70022477160, 6ª Câmara Criminal, Rel. MABS, j. 28/02/2008)
>
> AGRAVO EM EXECUÇÃO. PEDIDO DE AUTORIZAÇÃO PARA VISITA DA COMPANHEIRA E FILHO AO PRESÍDIO. AMBOS MENORES DE IDADE. DIREITO À VISITA DEVE SER RESGUARDADO, CONFORME ARTIGO 41, X, DA LEP. Re-

---

Ela faz o possível e o impossível para amenizar o sofrimento do filho e acaba, de certo modo, cumprindo com ele a pena. Submete-se, assim como grande parte das mulheres dos apenados, a horas infindáveis de espera, ao sol, à chuva, ao frio e a revistas vexatórias, em comovente demonstração de amor incondicional. Mas este é assunto para outro espaço.

> curso provido. (Agravo 70018282863, 6ª Câmara Criminal, Rel. Des. João Batista Marques Tovo, julgado em 12/4/2007)
> APENADO. VISITA DOS FILHOS. POSSIBILIDADE. HUMANIZAÇÃO DO MOMENTO PENAL. LAUDO PRECONCEITUOSO E ACIENTÍFICO. A visitação ao estabelecimento prisional, substancialmente por parte dos familiares, propicia aos apenados não somente a manutenção dos laços familiares, como também a possibilidade de amenizar e superar os malefícios intrínsecos do isolamento que encerra a privação da liberdade. Por outro lado, a perspectiva ressocializadora e reabilitadora, idealizada pela norma executória nacional, somente se tornará viável, caso o Estado faculta aos apenados permanentes oportunidades de romper o cerco de nulificação e mortificação inerente ao encarceramento. Vedar a visita de filhos menores é sanção que excede, e muito, a pena fixada na sentença penal condenatória, pois lhe retira, citando Umberto Eco, o único olhar que o humaniza, o olhar do Outro (com mais razão, como no caso, quando se trata de filhos). Laudo com total ausência de cientificidade e isenção, mas notoriamente pela forte carga de preconceito e estigmatização que compreendem, não merece acolhida para lesar o princípio da humanização da pena. (Agravo 70009300526, 5ª Câmara Criminal, Rel. Des. Aramis Nassif, julgado em 25/8/2004)

E nos fundamentos de voto proferido em julgamento de caso mais delicado:

> O pedido posto em julgamento, à primeira vista, há de ser indeferido porquanto as crianças são filhas e vítimas do apenado. No entanto, com a devida vênia da colega singular, estou a dar provimento ao agravo defensivo.
> Certo é que presídios não são locais propícios para circulação de crianças. Certo, também, que é dever do Estado proteger a criança e o adolescente e lhes assegurar uma gama de direitos. Nesta esteira, não seria recomendável a visitação das crianças ao seu pai, em especial quando elas são as vítimas do delito pelo qual ele foi condenado.
> Entretanto, entre os direitos que o Estado deve assegurar às crianças e aos adolescentes está o direito "à convivência familiar" (art. 227, caput, da Constituição da República). Penso que aí reside o ponto nevrálgico da questão: é obrigação do Estado assegurar a convivência da criança com sua família, inclusive quando seus familiares estão presos.
> O fato das crianças serem as vítimas do seu pai, no presente caso, não deve impedir as visitas: (a) o fato ocorreu em novembro de 1999, portanto há mais de 05 anos; (b) em diversas oportunidades as crianças já o visitaram (fls. 15/20 e 29/30); (c) a avaliação psicológica (fls. 31/32) em momento algum contra-indica as visitas.
> Ademais – e aqui o mais relevante –, tudo indica que há interesse das crianças em se encontrar com seu pai. Não há como negar o contato com seu genitor, imprescindível para seu desenvolvimento – afinal, esse é o pai que elas têm.
> Agrego, ainda, que os filhos têm hoje, respectivamente, 13 e 14 anos, logo podem, se o desejar, não ir visitar o agravante.

> Ainda. Não creio que o Direito Penal tem condições de solver questões que dizem respeito ao que tem de mais caro ao ser humano, como decorrências de relações pais e filhos. Ou seja, outras áreas estão mais aptas a ajudar as pessoas a resolverem seus problemas – psiquiatria, psicologia...
> Finalmente, as visitas devem ser supervisionadas, de modo a assegurar a devida proteção às crianças.
> Com estas considerações, dá-se provimento ao recurso para autorizar visitas supervisionadas dos seus filhos ao apenado.
> (Agravo 70011952827, 5ª Câmara Criminal, Rel. Des. Amilton Bueno de Carvalho, julgado em 03/8/2005)

4.7. Visitas íntimas

Insere-se no direito de visitas da pessoa presa o exercício da atividade sexual com cônjuge, com companheiro ou companheira, com namorado ou namorada, sem qualquer forma de discriminação, o que, obviamente, inclui os parceiros homossexuais. Cabe à autoridade administrativa a regulamentação das visitas íntimas, dispondo sobre o local, os dias e os horários de encontros amorosos no cárcere. A lei não prevê, expressamente, a visita íntima, mas se trata de prática consagrada nos estabelecimentos penais masculinos, que contribui em muito para a manutenção da ordem e da disciplina.

Por décadas, as mulheres presas no Rio Grande do Sul foram privadas de visitas íntimas, direito que era reconhecido apenas para os presos do sexo masculino. Por ofício, a Vara de Execuções Criminais da Comarca de Porto Alegre determinou, em 07/12/95, à Superintendência dos Serviços Penitenciários, fossem tomadas providências no sentido de viabilizar a instituição de "visitas íntimas" para as mulheres, permitindo-lhes o direito natural à atividade sexual. A determinação foi cumprida em poucos dias, pondo-se termo a odiosa discriminação.

4.8. Sugestão para a concretização de direitos

Diante dos arts. 4º e 20 da LEP, que dispõem, respectivamente, sobre o dever do Estado de recorrer à cooperação da comunidade nas atividades de execução da pena, e sobre a possibilidade de a atividade educacional ser objeto de convênio com entidades públicas ou particulares, penso que a melhor forma de concretizar os direitos do preso seria através das universidades. A ideia é a de criação de presídios universitários. Assim como existem os hospitais universitários, seria perfeitamente viável a construção de pequenos presídios nas cercanias ou no interior de *campi* de universidades, com segurança oferecida pelo Estado e atendimento das pessoas presas e de seus familiares por estudantes dos diversos cursos existentes (Direito, Medicina, Psicologia, Assistência Social, Nutrição, Odontologia, etc), com orientação de professores e outros profissionais. A atuação de cada grupo na sua área específica supriria deficiências de atendimento e poderia valer como estágio profissional. Imagino a vasta experiência que o contato traria para a vida e a formação profissional dos que se envolvessem na atividade voluntária. O acadêmico de Direito, por exemplo, estaria diante da possibilidade de acompanhar a história do processo e de peticionar, sob supervisão de defensores públicos, em nome do preso, aplicando ensinamentos da sala de aula. Também penso na facilitação de acesso da pessoa presa ao estudo, ao trabalho relacionado especialmente com as necessidades do *campus* universitário, e à profissionalização, com perspectiva de vida digna, talvez antes sonegada. O principal, no entanto, seria o comprometimento da sociedade, por intermédio das universidades, com a solução do problema, que afinal é de todos. Nada impediria que a assistência fosse proporcionada, paralelamente, a vítimas diretas e indiretas da violência. Para implantação de programa desta natureza seria necessário, no entanto, antes de mais nada, superar preconceitos.

5. Detração

Dispõe o art. 42 do Código Penal: "Computam-se, na pena privativa de liberdade e na medida de segurança, o tempo de prisão provisória, no Brasil ou no estrangeiro, o de prisão administrativa e o de internação em qualquer dos estabelecimentos referidos no artigo anterior".

Percebe-se pelo texto legal que, seja qual for a espécie de privação provisória da liberdade, o tempo durante o qual perdurou deve ser computado na pena imposta ou na medida de segurança.

5.1. Detração própria

Quando a prisão provisória ocorreu em razão do crime que ensejou a condenação, sem que o agente tenha sido posto em liberdade no curso do processo, o cômputo é automático. A data da prisão, neste caso, assinalará o início do cumprimento da pena. No caso de ter sido concedida a liberdade ao agente, no curso do processo, o tempo de prisão provisória é computado, do mesmo modo, como pena cumprida. Assim, em face da detração, é possível que o apenado, ao ser preso por força da sentença, já tenha implementado o tempo de cumprimento da pena necessário para obtenção de benefícios como, por exemplo, o da progressão de regime (art. 112, *caput*, da LEP).

O mesmo sistema, de cômputo do tempo de privação provisória da liberdade como pena cumprida, deve ser aplicado se o agente for condenado por crime diverso daquele que lhe foi imputado no processo a que respondeu preso cautelarmente, desde que os fatos sejam anteriores à prisão. Para melhor compreensão, imaginemos a situação do agente acusado da prática de crimes de roubo, cometidos na mesma época em comarcas diversas. A prisão preventiva foi decretada num dos processos, exatamente naquele em que o agente resulta absolvido. No outro processo, em que não foi decretada a prisão cautelar, é imposta condenação. Nesse caso, o tempo de prisão provisória é computado como se a privação de liberdade decorresse do crime que provocou a condenação, inexistindo motivo para estabelecer distinção.

São casos típicos de detração própria.

5.2. Detração imprópria

Problemas começam a surgir quando o agente sofre condenação por crime cometido depois da prisão provisória (ou internação), decorrente de fato obviamente diverso, que por qualquer motivo não resultou em condenação ou execução. No processo em que vigorou a prisão, o agente foi absolvido, houve extinção da punibilidade ou a pena imposta foi inferior ao tempo de privação provisória da liberdade. Em qualquer dessas hipóteses, por um lado, o art. 42 do Código Penal não exclui a possibilidade de detração, mostrando-se incabível interpretação restritiva. Afinal, o Estado não pode ser devedor de liberdade e a detração serve, inclusive, como compensação de eventual direito indenizatório. Por outro lado, é absolutamente relevante a preocupação com a chamada "conta-corrente", que pode conduzir, em tese, à situação de o condenado, admitida a detração, já ter até mesmo cumprido integralmente a pena.

Diante desse conflito, na hierarquia dos valores, deve prevalecer, como regra, o direito à detração, mas com limites e distinções. Em primeiro lugar, é inconcebível que o cômputo do tempo de prisão provisória torne inócua a pena imposta pela prática de crime cometido posteriormente. Se for torná-la, o pedido deverá ser indeferido e só restará ao agente a busca da reparação do dano pela prisão no processo em que acabou absolvido; caso contrário, será possível a detração, mas com o cômputo do tempo de prisão mediante desconto do total da pena (não como pena cumprida). Com o tratamento diferenciado para a situação excepcional, evita-se a alteração da natureza e da finalidade da pena por fato estranho, persistindo a exigência de o condenado cumprir a sanção pelo tempo necessário (embora, obviamente, inferior) para a obtenção de benefícios.

Precedentes da 6ª Câmara Criminal TJ/RS:

AGRAVO DA LEI N. 7210/84. DETRAÇÃO. A detração da pena cumprida a título provisório deve ser operada independentemente da correlação da pena provisória com o fato apurado no processo a que o apenado restou condenado definitivamente à pena privativa de liberdade, e independentemente se por fato anterior ou posterior ao que cumpre pena atualmente. Agravo provido. (Agravo 70018589515, Rel. Des. Aymoré Roque Pottes de Mello, julgado em 29/3/2007)

DETRAÇÃO. TEMPO DE PRISÃO PROVISÓRIA POR FATO DIVERSO, ANTERIOR À CONDENAÇÃO. INEXISTÊNCIA DE VEDAÇÃO LEGAL (ART. 42 DO CP). É cabível a detração do tempo de prisão provisória (ou internação) por fato diverso daquele que ensejou a condenação, mesmo que o crime tenha sido praticado em data anterior, não restando inócua a pena imposta. Agravo provido. (Agravo 70012948576, Rel. MABS, julgado em 27/10/2005)

DETRAÇÃO. PRISÃO PROCESSUAL CUMPRIDA POR FATO ANTERIOR AO QUE ENSEJOU A CONDENAÇÃO ORA EM EXECUÇÃO. DEFERIMENTO. 1. O artigo 42 do Código Penal não veda o desconto da pena ou da medida de segurança de um processo, do tempo cumprido por outro. Para haver detração não é necessário que a prisão seja decorrente do mesmo fato, nem ao mesmo processo. 2. Às normas restritivas de liberdade impõe-se a interpretação restritiva, impedindo-se a criação de empecilhos, por parte do intérprete, sob pena de analogia *in malam partem:* em contrapartida, as normas promovedoras da liberdade devem ser interpretadas no sentido da otimização dos postulados normativos. 3. Entendendo-se não haver reparação mais humana para o tempo de prisão provisória, que se julgou indevida pela absolvição, do que ser este computado no tempo da pena imposta por outro delito, impróprio o entendimento que considera não caber detração quando o pedido se refere a período em que o apenado esteve segregado em decorrência de outro processo, e cujo fato é anterior ao crime. 4. Não há que ser questionado a respeito de vinculação ou de nexo processual. A prisão existiu. O apenado permaneceu determinado período de sua vida no cárcere, o que deve ser considerado, concedendo-se a detração. Agravo provido. (Agravo 70019911734, Rel. Des. Nereu José Giacomolli, julgado em 28/6/2007)

DETRAÇÃO. TEMPO DE PRISÃO PROVISÓRIA POR FATO DIVERSO E ANTERIOR. INEXISTÊNCIA DE VEDAÇÃO LEGAL (ART. 42 DO CP). É cabível a detração do tempo de prisão provisória (ou internação) por fato diverso daquele que ensejou a condenação, mesmo que o crime tenha sido praticado em data posterior. Precedentes da Câmara. Agravo provido. (Agravo 70020065777, Rel. Des. João Batista Marques Tovo, julgado em 19/7/2007)

6. Remoção ou transferência

A decisão sobre remoção ou transferência de preso é inerente ao exercício da atividade jurisdicional. Antes da condenação, cabe ao juiz do processo de conhecimento decidir a respeito, se o agente não estiver cumprindo pena. Após a condenação, insere-se na competência do juiz da execução, não só na hipótese prevista no § 1º do art. 86 da LEP, como menciona o art. 66, V, *h*, da mesma Lei, mas em qualquer que seja, por lhe caber o controle da legalidade do cumprimento da pena.

Ocorre que o preso tem o direito de permanecer próximo a seus familiares, salvo situação excepcional que envolva, especialmente, sua própria segurança.

Sendo o estabelecimento compatível com o regime de cumprimento da pena, a remoção está condicionada à prévia oitiva do condenado, assim como ao assentimento do juiz sob cuja jurisdição se encontra a casa prisional de destino. Com efeito, o processo de execução acompanha a pessoa do preso no caso de transferência, modificando-se a competência, que não pode ser imposta. O Ministério Público, como fiscal da execução da pena (art. 67 da LEP), obrigatoriamente, deve ser ouvido a respeito do pedido ou da intenção de transferência do preso. É indispensável também propiciar manifestação da defesa técnica, quando não for ela própria a requerente.

Pretender atribuir à autoridade administrativa a competência para decidir sobre a remoção do preso, com a possibilidade de escolher o juiz de sua preferência e subtrair competência, implica não só indevida intromissão na atividade jurisdicional e supressão de função do Ministério Público, como também atribuir poder total ao carcereiro, abrir as portas para perseguições pessoais e para a corrupção. Sabe-se da utilização da transferência como forma de punição, às vezes gratuita, e como meio, inclusive, de provocar a morte. Sabe-se, também, de antigas práticas consistentes em "venda de espaços", "venda de comarcas" e venda do direito ao trabalho. É necessário, ainda, não esquecer que a remoção pode servir como forma de viabilizar a fuga.

Diante deste quadro, à autoridade administrativa cabe apenas postular, fundamentadamente, a remoção do preso. Excepcionalmente, admite-se que a autoridade administrativa, em situação de urgência, realize transferência provisória, comunicando-a de imediato ao juiz da execução que, depois de ouvir o promotor de justiça e a defesa, decidirá a respeito.

Diante da superlotação dos estabelecimentos carcerários, nem sempre o pedido de remoção formulado pelo preso poderá ser deferido, porque depende de vaga e de autorização do juízo da comarca de destino. Às vezes, viabiliza-se a transferência por permuta com condenado que tenha interesse de cumprir pena no local onde o requerente se encontra.

7. Trabalho do preso

7.1. Considerações gerais

O trabalho do condenado é conceituado pela LEP como "dever social e condição de dignidade humana", tendo "finalidade educativa e produtiva" (art. 28, *caput*). O art. 39, V, dispõe que se trata de dever do condenado e o art. 41, II, que constitui direito do preso. De tais dispositivos, retira-se que o trabalho pode ser definido como direito-dever do condenado e, apenas, direito do preso provisório, na medida em que para este não é obrigatório (art. 31, parágrafo único).

Ao dever social sobrepuja-se, no entanto, a condição de dignidade humana. A finalidade precípua da LEP, de propiciar harmônica integração social do condenado, já paradoxal, restaria mesmo completamente esvaziada não fosse a importância formal dada ao trabalho. Importância apenas formal, porque a imensa maioria dos presos não exerce qualquer tipo de atividade educativa e produtiva, o que é extremamente prejudicial não só à pessoa submetida ao ócio, como também a seus familiares, à administração prisional e à sociedade como um todo. Além de implicar exacerbação da pena, a ociosidade imposta gera revolta, impede que o preso auxilie no sustento de sua família, indenize os danos que possa ter causado e proceda ao ressarcimento do Estado pelas despesas com a sua manutenção. Mas o mais grave é que frustra qualquer intenção de oferecer uma perspectiva de vida digna ao condenado, transformando a pena privativa de liberdade em ato de mera retribuição.

7.2. Trabalho interno

O trabalho interno é o exercido no próprio estabelecimento penal, em qualquer dos regimes. O fato de o art. 31, *caput*, da LEP estabelecer que o preso "está obrigado ao trabalho na medida de suas aptidões e capacidade", obviamente, não autoriza concluir que a lei prevê o trabalho forçado. A comprovada recusa do condenado a exercer atividade compatível com a sua habilitação, o seu estado e as suas condições físicas, simplesmente, impede a remição da pena e macula a conduta carcerária, pois é definida como falta de natureza grave (art. 50, VI, da LEP).

7.3. Destinação da remuneração. Pecúlio. Liberação.

A LEP, nas alíneas do § 1º do art. 29, estabelece a destinação a ser dada ao produto da remuneração ao trabalho do preso. Uma delas é a assistência à família (art. 29, § 1º, b). O restante deverá ser destinado à constituição do pecúlio, que será entregue ao condenado quando posto em liberdade (§ 2º do citado artigo). O objetivo da previsão de liberação do pecúlio apenas para o momento em que o condenado alcança a liberdade, obviamente, é o de propiciar que disponha de algum dinheiro para suportar, por algum tempo, as necessidades básicas de subsistência no mundo exterior. Por isso, pedido de liberação antecipada do pecúlio somente poderá ser acolhido em situação excepcional, de extrema necessidade.

EXECUÇÃO PENAL. PECÚLIO. LIBERAÇÃO ANTECIPADA. IMPOSSIBILIDADE, SALVO SITUAÇÃO DE EXTREMA NECESSIDADE. Agravo improvido. (Agravo 70019126317, 6ª Câmara Criminal, TJ/RS, Rel. MABS, julgado em 10/5/2007)

7.4. Trabalho externo

O trabalho externo, como o nome está a dizer, é o exercido fora dos limites físicos do estabelecimento penal, em serviço público ou privado. De regra, o benefício é concedido a condenados dos regimes aberto e semiaberto, sem vigilância, mas com fiscalização do cumprimento das condições, tanto da administração da casa prisional quanto dos órgãos da execução penal (art. 61 da LEP). Para que seja deferido é necessária apresentação de proposta do empregador ou "carta de emprego", que conterá informações sobre o tipo de atividade, os dias, o local e os horários em que será exercida, assim como sobre a remuneração do condenado. Nos convênios com entidades públicas ou privadas esta formalidade é dispensável, porque as condições são preestabelecidas.

O art. 36 da LEP admite o trabalho externo para os presos em regime fechado e estabelece as condições em que será exercido. Restringe-o a "serviço ou obras públicas realizados por órgãos da administração direta ou indireta, ou entidades privadas", e condiciona-o à tomada de "cautelas contra a fuga e em favor da disciplina". O § 3º do mencionado artigo dispõe que dependerá de consentimento expresso do preso a prestação do trabalho a entidade privada. Isto não autoriza concluir que noutra hipótese será possível obrigar o condenado a trabalhar; significa apenas que o indispensável consentimento não necessita ser expresso.

7.5. Competência

A competência para definir o trabalho interno do preso e para autorizar o trabalho externo é do diretor do estabelecimento onde se encontra o condenado (art. 37, *caput*, da LEP). Afinal, é o diretor quem está próximo ao apenado, sabe melhor de suas necessidades e condições pessoais. A decisão deverá ser sempre fundamentada e comunicada ao juízo da execução.

> EXECUÇÃO PENAL. TRABALHO INTERNO. PROCEDIMENTO DE AUTORIZAÇÃO. ATRIBUIÇÃO (E DEVER) DO DIRETOR DO ESTABELECIMENTO CARCERÁRIO. POSTERIOR HOMOLOGAÇÃO JUDICIAL, OUVIDAS AS PARTES. Para a decisão sobre o local em que cada apenado, de acordo com suas aptidões, capacidade e outras condições pessoais irá exercer o trabalho interno – direito do preso – é necessário conhecimento da estrutura do estabelecimento penal e da disponibilidade de pessoal para o controle das atividades. Decisão desconstituída. Agravo prejudicado. (Agravo em execução 70012372868, 6ª Câmara Criminal, TJ/RS, Rel. MABS, julgado em 15/9/2005)

Na hipótese de trabalho externo, caberá ao juiz da execução penal, ouvidos o Ministério Público e a defesa, homologar ou não o benefício, preservando assim a atividade jurisdicional que não pode ser delegada. Tratando-se de trabalho externo de preso em regime aberto ou semiaberto, uma vez autorizado pelo diretor do estabelecimento, poderá ser exercido independentemente do aguardo da homologação judicial. Já o trabalho externo por preso em regime fechado, não obstante a competência da administração para autorizá-lo, somente poderá ser exercido depois da homologação judicial.

Ocorrendo omissão da autoridade administrativa quanto ao trabalho interno ou externo, indeferimento injustificado de pedido ou atribuição de serviço em situação incompatível com a aptidão ou a capacidade do preso, o juiz, a requerimento do apenado, de qualquer dos órgãos da execução ou mesmo de ofício, deverá tomar providências para suprir a inércia, corrigir o desvio ou, se for o caso, alterar a decisão do diretor, deferindo o benefício do trabalho externo. Evidentemente, o juiz não tem o poder de imiscuir-se na organização do estabelecimento penal, designando presos para essa ou aquela atividade no trabalho interno. Todavia, como tudo o que diz com a pessoa do apenado interessa ao Judiciário, o juiz tem o poder-dever de determinar que o diretor do estabelecimento corrija a situação, adequando-a aos termos da lei.

7.6. Cumprimento mínimo de 1/6 da pena

O requisito de cumprimento de 1/6 da pena para o trabalho externo, previsto no art. 37 da LEP, vigora, apenas, para o regime fechado. A interpretação se dá em conjunto com o art. 36 da LEP, que se refere, exclusivamente, ao regime mais rigoroso, não se aplicando aos demais regimes, pois para o aberto o trabalho externo é condição (art. 36, § 1º, do Código Penal e 114, I, da LEP) e para o semiaberto não há previsão específica (art. 35, § 2º, do CP). A exigência, ainda, contraria a finalidade precípua da execução penal, de integração harmônica do condenado na vida em sociedade. Por certo, não se inclui entre os objetivos da execução fazer com que condenados percam seus empregos e fiquem impossibilitados de sustentar suas famílias, enquanto aguardam o cumprimento de 1/6 da pena.

Ainda que não se desconheça a Súmula nº 30 do Tribunal de Justiça do Rio Grande do Sul, o entendimento da 6ª Câmara Criminal da mesma Corte é pacífico e coincide com o do Superior Tribunal de Justiça (*Habeas corpus* 73584/RS, 5ª Turma, STJ, Relatora Ministra Laurita Vaz, julgado em 24/4/2007).

7.7. Revogação do trabalho externo

O parágrafo único do art. 37 da LEP dispõe que a autorização de trabalho externo será revogada se o preso "vier a praticar fato definido como crime, for punido por falta grave, ou tiver comportamento contrário aos requisitos estabelecidos" no *caput*.

A primeira das hipóteses de revogação (prática de fato definido como crime) viola o princípio da presunção de inocência, tal qual ocorre com a regressão de regime prevista no art. 118, I, primeira parte, da LEP. Se em razão da acusação da prática de nova infração penal o juiz do processo de conhecimento decretar a prisão cautelar do apenado, a medida cabível, em princípio, é a de suspensão do trabalho externo, pela impossibilidade de exercê-lo.

Todavia, é obviamente possível que a acusação da prática de novo crime esteja relacionada com infração de natureza disciplinar, caso em que a revogação decorrerá da segunda hipótese, qual seja a punição por falta grave. É indispensável para a revogação que a falta seja apurada em procedimento administrativo disciplinar, garantidos o contraditório e a ampla defesa (arts. 5º, LV, da CF e 59, *caput*, da LEP), que a decisão seja motivada (art. 59, parágrafo único, da LEP) e submetida ao juiz da execução, que, depois de ouvir o apenado, o Ministério Público e a defesa, homologará ou não o procedimento administrativo.

A terceira hipótese de revogação diz também com o aspecto comportamental. A disciplina e a responsabilidade exigidas no art. 37, *caput*, da LEP são reveladas pelo cumprimento das regras do estabelecimento penal. A revogação por descumprimento, portanto, igualmente depende da instauração de PAD. Se a indisciplina e a irresponsabilidade ocorrerem no exercício do trabalho externo, o mais provável é que a revogação ocorra por dispensa do empregador.

8. Remição

8.1. Natureza jurídica

A remição consiste no resgate, pelo trabalho do preso, de parte do tempo de cumprimento da pena, à razão de um dia por três de atividade laboral. Tem a natureza de pena cumprida e como tal deve ser computada. Caso fosse simplesmente descontada do total da pena, maior tempo de cumprimento seria necessário para que o preso implementasse os prazos para postular benefícios. Mas a distinção entre "pena cumprida" e "desconto da pena" adquire especial importância quando a privativa de liberdade é muito superior ao limite de 30 anos (art. 75, *caput*, do CP). Neste caso, se o tempo remido fosse simplesmente descontado do total da pena, sobre o qual é calculado o período de cumprimento para obtenção de benefícios, os 30 anos permaneceriam intactos, ou seja, a remição se tornaria praticamente inócua e poderia provocar total desinteresse pelo trabalho, situação de desvio da finalidade primordial da execução penal, de propiciar "harmônica integração social do condenado" (art. 1º). O art. 126, *caput*, da LEP dispõe expressamente que a remição é de "parte do tempo de execução da pena". Considerando que o tempo efetivo de execução da pena é de no máximo 30 anos, simplesmente, o dispositivo legal não se refere ao período excedente.

8.2. Perda do direito ao tempo remido

O art. 127 da LEP, que estabelece a perda do direito ao tempo remido, se o condenado for punido por ter cometido falta grave, viola o direito adquirido e a coisa julgada (art. 5º, XXXVI, da CF).

Considerando que a remição declarada tem a natureza de tempo cumprido de privação da liberdade, decretar a perda implica restabelecer pena parcialmente extinta pelo cumprimento, o que é inconcebível.

Sobre a remição ainda não declarada, há precedente da 6ª Câmara Criminal do TJ/RS:

> AGRAVO DA EXECUÇÃO (ART. 197 DA LEP). Remição. Falta grave. Inadmissibilidade de perda dos dias remidos, inclusive quando ainda não declarado o direito já constituído no mundo dos fatos. Decisão judicial que não reconhece o direito do apenado à remição em relação aos dias por ele efetivamente trabalhados, ante o cometimento de uma falta grave. Medida que subvaloriza o direito social fundamental ao trabalho (art. 1º, inc. IV, c/c art. 6º, ambos da Constituição Federal de 1988), fere os princípios da proporcionalidade e da isonomia, vulnera direitos já adquiridos pelo reeducando no mundo dos fatos e vai na contramão do objetivo ressocializador da pena. Incompatibilidade material da regra do art. 127 da LEP com a nova ordem jurídico-material instaurada pela carta política de 1988. Agravo provido. (Agravo 70006961908, Rel. Des. Aymoré Roque Pottes de Mello, julgado em 30/10/2003)

No caso, entretanto, de entendimento diverso, o art. 127 da LEP deve ser interpretado em consonância com os princípios da razoabilidade e da proporcionalidade, aplicáveis, também, em punições impostas por faltas disciplinares.

Nesse passo, o art. 127 da LEP não estabelece que o apenado deva perder todo o tempo remido. Cabível, então, seria a perda proporcional à gravidade da falta.

Definitivamente, não há como aplicar a mesma sanção, por exemplo, ao apenado que foge, permanece exercendo atividade laboral lícita e se apresenta, espontaneamente, e àquele que, também, foge e acaba preso em flagrante pela prática de nova infração penal. É incabível equiparar condutas, ainda exemplificando, como a do descumprimento de condição do regime aberto (art. 50, V, da LEP) e a de porte de arma no interior do albergue (art. 50, III, da LEP).

Observando-se tais princípios, é possível decretar a perda de 01 (um) dia de remição para cada dia de fuga; ou de 03 (três) dias de remição para cada dia de fuga, em interpretação a *contrario sensu* do art. 126, § 1º, da LEP.

Outra interpretação no contexto razoável seria a de considerar aplicável o art. 127 da LEP somente quanto ao tempo de trabalho ainda não declarado remido, já que se refere tão-só ao direito, não à remição consolidada por decisão judicial.

Há acórdão do 4º Grupo Criminal do TJ/RS, da relatoria do Desembargador Marcelo Bandeira Pereira, que também procura amenizar os efeitos do art. 127 da LEP:

EXECUÇÃO PENAL. OFICIALIDADE. REMIÇÃO. PERDIMENTO. LIMITES TEMPORAIS. PRESCRIÇÃO AQUISITIVA. A execução penal, ao contrário do que acontece com a ação penal, não mais se caracteriza como processo com partes definidas, cedendo espaço o princípio da demanda, então, à oficialidade, a exigir do juízo da execução a adoção das conseqüências previstas em lei para certas condutas, ainda que não vindicadas pelo Ministério Público, que atua, aí, como órgão de fiscalização, e não mais como parte propriamente dita. O sistema jurídico pátrio não se conforma com situações de indefinição ou insegurança permanentes. Vários são os instrumentos de pacificação social encartados na própria Constituição Federal, tais quais o direito adquirido, ato jurídico perfeito e coisa julgada. Aí também se inscreve a prescrição, como regra geral, que se vem aplicando, mesmo na execução penal, para hipóteses em que ausente previsão na LEP, nada justificando, assim, não se observe comportamento semelhante aos efeitos de definir consolidação de certos benefícios, que não podem, anos a fio, até a expiação completa da pena (e isto mais avulta em penas largas), ficar sujeitos à desconstituição. Hipótese, assim, que encontraria semelhança com prescrição aquisitiva, da usucapião, sendo esse o caso da remição. Perda dos dias remidos, fruto de falta grave ou novo crime, que não pode atingir dias trabalhados distantes mais de 2 anos desse novo acontecimento. Prazo que se elege, outrossim, por ser o mínimo da prescrição penal, adotado pelo Colendo STJ para prescrição de imposição de conseqüências na área da execução penal.
Embargos parcialmente acolhidos, para limitação da perda dos dias remidos aos resultantes do trabalho realizado há menos de 2 anos da falta verificada. (Embargos infringentes 70012920799, j. em 23/12/2005)

8.3. Trabalho durante prisão provisória

Aplica-se a LEP "igualmente ao preso provisório" (parágrafo único do art. 2º), que tem direito ao trabalho interno, por força do disposto no art. 41, II, c/c art. 42. Sendo assim, é cabível a remição pela atividade exercida durante o tempo de prisão cautelar. A menção do *caput* do art. 126 da LEP ao "condenado" não exclui a possibilidade. Aliás, a denominação está correta. Ocorre que a remição somente poderá ser declarada quando houver pena, ou seja, se e quando o preso provisório sofrer condenação e tiver início a fase de execução, com a remessa do PEC provisório (se houver recurso) ou definitivo (se transitada em julgado a sentença) ao juízo da execução criminal.

8.4. Trabalho externo

A lei não distingue o trabalho interno do externo para fim de remição, e o exercício de atividade laboral fora do estabelecimento prisional deve ser incentivado. Não há forma mais adequada de observar a finalidade primordial da execução de propiciar harmônica integração social do apenado. É convivendo com o mundo exterior através do exercício de atividade lícita, não no ambiente hostil e degradante do cárcere, que o condenado poderá aderir a valores predominantes da vida em sociedade e promover o próprio sustento e o da família.

Cabível, a remição será concedida pelo juiz mediante atestado de trabalho fornecido pela autoridade administrativa, à vista de declaração do empregador.

Com a discrição necessária, para não causar prejuízo e humilhação ao condenado, a autoridade administrativa ou judicial poderá determinar a verificação das condições e do efetivo exercício das atividades laborais, preventivamente ou sempre que surgir dúvida sobre o exato cumprimento do serviço externo.

8.5. Trabalho no regime aberto

O texto do art. 126, *caput*, da LEP parece sugerir que a remição seria cabível, somente, nos regimes fechado e semi-aberto. No entanto, a lei não exclui, expressamente, a possibilidade de o apenado remir, pelo trabalho exercido, também, no regime aberto, parte do tempo de execução da pena. Se o exercício de atividade laboral é condição para o ingresso no regime aberto (art. 114, I, da LEP), isto não pode servir de argumento para negar o benefício. Ao contrário, serve de reforço de argumentação em prol da admissibilidade. Afinal, em qualquer regime o trabalho constitui direito-dever do preso e a própria LEP prevê a igualdade de tratamento (art. 41, XII).

> REMIÇÃO. REGIME ABERTO. ADMISSIBILIDADE. INEXISTÊNCIA DE EXPRESSA VEDAÇÃO LEGAL. TRABALHO. DIREITO-DEVER DO APENADO EM QUALQUER DOS REGIMES DE CUMPRIMENTO DA PENA (ART. 41, XII, DA LEP). Agravo improvido. (Agravo 70017654609, 6ª Câmara Criminal, TJ/RS, Rel. MABS, julgado em 21/12/2006)

A interpretação da lei jamais poderá conduzir a situações, na prática, insustentáveis. É exatamente o risco que a negativa acarreta. Com efeito, o preso, praticando falta grave, provocaria regressão e no regime semi-aberto passaria a obter remição, com trabalho interno ou externo. Ainda, o preso que gozasse do trabalho externo no regime semiaberto recusaria progressão para não ficar impedido de remir a pena. Aliás, é comum a ocorrência dessas hipóteses, de a regressão acabar favorecendo, indiretamente, e de os apenados sequer postularem a troca de regime, imaginando que perderiam o direito que o trabalho lhes confere.

Apesar do disposto no art. 95, *caput*, da LEP, a existência de albergues nas comarcas é exceção. Não raro, presos do regime aberto são submetidos a recolhimento em estabelecimentos do regime semiaberto ou mesmo do fechado, situação de manifesta ilegalidade (art. 94 da LEP). Não obstante, há os que sustentam o paradoxo de admitir essa prática, em interpretação extensiva da lei, e ao mesmo tempo negar o direito à remição, em interpretação restritiva do art. 126, *caput*, da LEP.

8.6. Estudo interno e externo

Aceitar a remição pelo estudo implica caminhar em direção ao objetivo primordial da execução penal, de integração social (art. 1º da LEP), propiciando os meios para que se efetive.

Embora a lei não a preveja, expressamente, também não a veda. Dá-se, com isso, interpretação ampliativa ao art. 126, *caput*, da LEP, equiparando-se, de certo modo, o estudo ao trabalho. Afinal, constituem direitos sociais (art. 6º da CF) e condição de dignidade humana, inclusive, da pessoa presa (arts. 17-21, 28 e 41, II e VII, da LEP).

Há, aproximadamente, dez anos os Juízes da Vara de Execuções Criminais da Comarca de Porto Alegre/RS vêm concedendo remição pelo estudo, sempre com pareceres favoráveis do Ministério Público.

O atestado expedido pela autoridade administrativa indica o número de horas-aula frequentadas pelo apenado. Como o art. 33, *caput*, da LEP estabelece, para o trabalho, a jornada mínima de 06 (seis) horas e o art. 126, § 1º, prevê a contagem do tempo à razão de 01 (um) dia de pena por 03 (três) de trabalho, por analogia e equidade, o cálculo dos dias remidos é feito mediante a divisão, por 06 (seis), do número de horas-aula, e nova divisão do quociente por 03 (três). Assim, se o apenado frequentou 180 horas-aula, poderá remir 10 (dez) dias da pena.

Pelas mesmas razões expostas em relação à remição pelo trabalho externo (nº 4), é cabível a concessão pelo estudo externo, inclusive no regime aberto (nº 5). A possibilidade de frequência a "curso profissionalizante, de instrução de segundo grau ou superior" está prevista no art. 124, parágrafo único, da LEP.

O não aproveitamento, por fatores objetivos, pode conduzir ao indeferimento da remição pelo estudo. Precedente:

> EXECUÇÃO PENAL. REMIÇÃO PELO ESTUDO. CONDIÇÃO DE APROVEITAMENTO. A falta de aproveitamento capaz de provocar o indeferimento da remição pelo estudo deve decorrer de fatores objetivos, não dos subjetivos, peculiares a cada indivíduo e, de regra, incontroláveis. Agravo provido. (Agravo 70022724652, 6ª Câmara Criminal, TJ/RS, Rel. MABS, j. 28/02/2008)

Parte da fundamentação do acórdão:

> Não se discute a possibilidade da remição pelo estudo. Parece-me correto, por outro lado, condicionar remição ao aproveitamento, desde que a insuficiência decorra de fatores puramente objetivos.
> O atestado de fl. 06 dá conta de que o apenado freqüentou 50 horas-aula, no período compreendido entre 05/12/2006 e 22/04/2007. Descontados os sábados, domingos e feriados (dias em que não houve aula), participou das atividades no turno da manhã, das 8h às 11h.
> O problema, então, não é de assiduidade, diversamente do que consta na avaliação de fl. 7. Aliás, a falta de assiduidade influenciaria no tempo a remir. Quanto ao interesse e à cooperação, a avaliação envolve critérios subjetivos. Há pessoas mais ou menos participativas; há as tímidas e as descontraídas; há as atentas e as que sofrem de déficit de atenção; e o coeficiente de inteligência é variável.
> Esses fatores subjetivos, que fazem cada indivíduo reagir de modo peculiar à ação dos agentes externos, podem ser determinantes do aproveitamento insuficiente, mas não constituem justificativa razoável para o indeferimento da remição. De regra, são incontroláveis e, no caso do ora recorrente, já fizeram com que experimentasse a frustração de não aprender.

8.7. Trabalho na prisão domiciliar

Para o condenado recolhido em residência particular (prisão domiciliar – art. 117 da LEP) é inadmissível a remição. Na hipótese, não há forma de aplicação analógica do instituto, especialmente porque o condenado não estará submetido ao sistema penitenciário, mas a meras condições de cumprimento da pena.

8.8. Cumulativa (trabalho e estudo)

É cabível a remição pelo trabalho e pelo estudo, cumulativamente, desde que não ultrapasse 1/3 da pena, tempo máximo admitido na proporção estabelecida no § 1º do art. 126 da LEP.

8.9. Ficta. Impossibilidade de trabalhar

O art. 126, § 2º, da LEP estabelece que o preso "impossibilitado de prosseguir no trabalho, por acidente, continuará a beneficiar-se com a remição". Equipara, no ponto, o apenado ao trabalhador comum.

O dispositivo legal não especifica a espécie de trabalho. Pela interpretação extensiva que se dá ao *caput* do art. 126 (nº 8.5), ao qual, por regra de hermenêutica, está subordinado o parágrafo, o benefício é aplicável tanto no trabalho interno quanto no externo.

O texto legal sugere que o benefício deva ser concedido, apenas, ao preso que se encontrava trabalhando e sofreu acidente, que o impossibilitou de prosseguir a desempenhar a atividade.

A interpretação literal, no entanto, não é a mais adequada.

Em primeiro lugar, é insustentável distinguir, para a finalidade específica, acidente de qualquer espécie de doença que impossibilite o trabalho. Segundo, não é necessário que a incapacidade seja superveniente, bastando, para a concessão do benefício, que o preso não apresente condições para o trabalho. No sistema penitenciário não é rara a presença de apenados portadores de deficiências físicas ou doenças graves contraídas antes da prisão. Se a deficiência ou doença impedir o preso de trabalhar, negar-lhe a remição implicaria punir o infortúnio, o sofrimento, em atitude de inconcebível preconceito.

8.10. Domingos e feriados

Para fim de remição, devem ser considerados os dias em que o apenado, em razão de descanso, de regra, nos domingos e feriados, deixar de trabalhar. A LEP não exclui esses dias do cômputo do tempo a remir (arts. 126 e ss.). Ao contrário, no art. 33, *caput*, prevê expressamente o direito ao descanso nos domingos e feriados, a exemplo do que ocorre com qualquer trabalhador em situação regular. Se o descanso é um direito, também o é a remição nos dias em que ocorre. Ainda que a LEP nada estabelecesse a respeito, princípios humanitários imporiam a folga semanal, sem interrupção da remição. Vale lembrar que a Constituição Federal consagra como direito social o "repouso semanal remunerado, preferencialmente aos domingos" (art. 7º, XV).

8.11. Trabalho exercido durante cumprimento de pena ou prisão provisória por crime anterior

É comum ocorrer de o condenado ter exercido trabalho interno durante cumprimento de pena já extinta ou durante período de prisão provisória, por imputação da qual acabou absolvido, sem ter obtido a remição.

Na segunda hipótese não poderia mesmo obtê-la, inexistindo pena. Na primeira, o fato sempre se dá por falha no âmbito administrativo ou judicial. A situação mais comum é de não ser encaminhado o atestado de trabalho ao juízo da execução, ou de ser remetido com atraso, quando está próximo o fim da pena. A consequência é quase sempre a mesma: o condenado cumpre pena por tempo superior ao devido.

Nesses casos, é possível conceder a remição durante o cumprimento de pena privativa de liberdade posteriormente imposta. Afinal, a remição tem a natureza de pena cumprida (8.1), equiparando-se na hipótese levantada à detração (art. 42 do CP).

8.12. Trabalho do internado

O trabalho não constitui dever da pessoa submetida à medida de segurança de internação. Trata-se, isto sim, o exercício de trabalho interno, na medida de suas aptidões e capacidade, de direito do paciente, preservado pelos arts. 3º, *caput,* 41, II, e 42 da LEP.

Nem por isso, no entanto, será cabível a remição. Primeiro, porque legalmente não há pena, mas medida de segurança; segundo, porque não teria sentido concedê-la, na medida em que o exame de verificação da cessação da periculosidade (arts. 97, § 1º, do CP e 175 da LEP) pode ser realizado a qualquer tempo, ainda que no decorrer do prazo mínimo da medida de segurança (arts. 97, § 2º, do CP e 176 da LEP).

9. Soma e unificação das penas

9.1. Data-base

Na execução, as penas privativas de liberdade impostas no mesmo processo ou em processos distintos, para estabelecimento do regime e do tempo de cumprimento, devem ser somadas sempre que a hipótese não ensejar unificação (art. 111 da LEP). A unificação ocorre quando for ultrapassado o limite de 30 (trinta) anos (art. 75, *caput*, do CP) ou quando for reconhecida a continuidade delitiva pelo juízo da execução (art. 71 e parágrafo único do CP).

A partir daí, várias situações se apresentam, exigindo soluções que envolvem a verificação não só da quantidade da pena, mas também das circunstâncias em que ocorreram os fatos delituosos, especialmente as datas em que foram praticados.

Denomina-se "data-base" o dia que assinala o início do cumprimento da pena privativa de liberdade. Essa data serve de base para o cálculo dos lapsos temporais exigidos para a concessão de benefícios. Somente uma situação é capaz de alterar a data-base: a superveniência de condenação por crime cometido no curso do cumprimento da pena, como deflui das disposições contidas nos arts. 111, parágrafo único, da LEP e 75, § 2º, do CP.

Imagine-se a hipótese do condenado a uma pena de 25 anos de reclusão, que ao cumprir 20 anos alcança progressão para o regime semiaberto. Aportando nova condenação a uma pena, digamos, de 5 anos de reclusão, por fato cometido antes do início do cumprimento, fosse alterada a data-base, o apenado teria que sofrer "regressão" para o regime fechado (o saldo da pena seria de 10 anos) e nova progressão só seria possível com o cumprimento de 1/6 de 10 anos. Em ato de flagrante injustiça, o preso estaria sendo punido pela demora do Estado. E estaria sendo contrariada a finalidade primordial da execução, de propiciar "harmônica integração social do condenado" (art. 1º da LEP). Na hipótese levantada, não sendo o caso de unificação pela continuidade delitiva, as penas devem ser simplesmente somadas, totalizando 30 anos, sem alteração da data do início do cumprimento e preservada a progressão conquistada, porque o ingresso da nova condenação não suprimiu o requisito objetivo do art. 112, *caput*, da LEP.

A fuga e a recaptura também não modificam a data-base, inexistindo previsão legal para tanto.

Há inúmeros precedentes das Câmaras integrantes do 3º Grupo Criminal do TJ/RS neste sentido:

EXECUÇÃO PENAL. LIVRAMENTO CONDICIONAL. FUGA. FALTA GRAVE. DATA-BASE PARA O CÁLCULO DOS LAPSOS TEMPORAIS. INALTERAÇÃO. INEXISTÊNCIA DE CONDENAÇÃO POR FATO SUPERVENIENTE. a prática de falta grave, consistente em fuga, com posterior recaptura, não altera a data-base para o cálculo dos lapsos temporais para benefícios, que continua a ser a do início do cumprimento da pena. Somente nova condenação, por fato posterior ao início do cumprimento, faz com que a data-base se desloque, coincidindo com a da recaptura ou com a data do fato, se o crime foi cometido sem solução de continuidade no cumprimento da pena. Agravo improvido. (Agravo 70007873136, 6ª Câmara Criminal, TJ/RS, Rel. Des. MABS, acórdão de 04/3/2.004)

AGRAVO EM EXECUÇÃO. LIVRAMENTO CONDICIONAL. FALTA GRAVE DISCIPLINAR. DATA-BASE PARA CONCESSÃO DE BENEFÍCIOS. REQUISITO TEMPORAL DEVE INCIDIR SOBRE O TOTAL DA PENA APLICADA E NÃO SOBRE O SALDO. SOMENTE A CONDENAÇÃO POR FATO POSTERIOR AO INÍCIO DA EXECUÇÃO IMPORTA NA ALTERAÇÃO DA DATA-BASE. – A falta grave, homologada pelo juízo da execução, não acarreta a alteração da data-base para concessão de benefícios da execução. – A alteração da data-base somente é permitida na hipótese de condenação criminal por fato posterior ao início da execução da pena (inteligência do artigo 111, parágrafo único, da LEP, c/c o artigo 75, § 2º, do CP). – Não há previsão legal para que o requisito temporal de cumprimento da pena, após o cometimento de falta grave disciplinar, incida sobre o saldo de pena a cumprir – devem alcançar o total da pena aplicada. – Agravo parcialmente provido. (Agravo nº 70007466832, acórdão de 10/12/2.003, Rel. Des. Amilton Bueno de Carvalho)

9.2. Condenações no mesmo processo ou em processos distintos

Quando as condenações são impostas no mesmo processo, de regra, a sentença já fixa o regime inicial de cumprimento da pena total (art. 110 da LEP), cabendo ao juiz da execução, ao receber o processo, apenas, determinar a expedição de mandado de prisão ou a extração da guia de recolhimento, se o condenado já estiver preso. Caso, no entanto, a sentença tenha estabelecido, tão somente, o regime de cumprimento de cada pena, sem levar em conta o cúmulo material (art. 69 do CP), não sendo o fechado o regime de pelo menos uma das penas, o juiz da execução, procedendo à soma, fixará o regime, na forma do art. 33 e seus parágrafos do CP, e disporá sobre a limitação, se o resultado for superior a trinta anos (art. 75 do CP).

Do mesmo modo, o juiz procederá quando houver condenações em processos distintos (crimes anteriores ao início do cumprimento da pena), verificando, entretanto, neste caso, além da necessidade de unificação para limitação da pena total (art. 75 do CP), a possibilidade de reconhecimento da continuidade delitiva (art. 71 do CP). Preso o condenado, a guia de recolhimento a ser, imediatamente, expedida computará como pena cumprida o tempo de prisão provisória (art. 42 do CP).

9.3. Condenação superveniente

Em curso a execução de uma pena, sobrevindo condenação pela prática de outro crime, a época do fato delituoso determinará a forma de proceder na soma ou unificação das penas. Isto porque o parágrafo único do art. 111 da LEP, que determina a soma da nova pena ao restante da que está sendo cumprida, aplica-se, tão somente, na hipótese de crime cometido no curso do cumprimento da pena, como evidencia o §2º do art. 75 do CP. Se a nova condenação ocorreu por fato anterior ao início do cumprimento da privativa de liberdade, as penas são simplesmente somadas ou unificadas na forma do art. 111, *caput,* da LEP. Fosse sempre a mesma, a forma de proceder, não teria sentido a existência de parágrafo no art. 111 da LEP.

9.4. Crime posterior ao início do cumprimento da pena. Cálculo e definição do regime

A hipótese de condenação por crime cometido depois de iniciada a execução de uma pena afasta a possibilidade de continuidade delitiva e, na operação matemática de soma ou unificação, despreza-se sempre o tempo anteriormente cumprido. O que importa é o saldo da pena anterior, que vinha sendo cumprida, o qual será somado à nova pena imposta, obtendo-se, assim, o tempo de privação da liberdade. O resultado constituirá a pena, ou a nova pena a ser executada. O regime de cumprimento será o fixado na nova sentença, podendo, no entanto, o juiz da execução estabelecer outro, mais grave, em função do resultado obtido com a soma, de conformidade com as alíneas do § 2º do art. 33 do CP.

A data-base do cálculo dos lapsos temporais para obtenção de benefícios, equivalente à do início do cumprimento da pena, corresponderá à data da prática do novo crime, se não houve solução de continuidade no cumprimento da pena (crime cometido no cárcere ou durante saída temporária), ou à da recaptura (crime cometido durante período de fuga). A evasão, por si só, sem a prática de novo crime não altera a data-base para o cálculo dos lapsos temporais, por ausência de previsão legal. Assim, se nova fuga ocorrer depois daquela em cujo período o apenado voltou a delinquir, a data-base será a da primeira recaptura, imediatamente posterior à prática do crime.

9.5. Crime anterior ao início do cumprimento da pena. Cálculo e definição do regime

Se o fato que provocou a nova condenação é anterior ao início do cumprimento da pena, não há alteração da data-base para o cálculo dos lapsos temporais. Ela continua a ser a que assinala o início da execução, observada a detração (art. 42 do CP). Constitui equívoco considerar como data-base a da condenação superveniente ou a do trânsito em julgado da sentença, como se vê, muitas vezes, na prática.

Altera-se apenas a pena total, em função da soma ou em decorrência da unificação pelo reconhecimento da continuidade delitiva (art. 71 e parágrafo único do CP).

Para estabelecimento do regime, no entanto, o juiz deverá levar em conta não apenas o resultado da operação e as disposições das alíneas do § 2º do art. 33 do CP. Deverá considerar, também, a situação fática do condenado perante a execução, pois nem sempre a pena total superior a 8 (oito) anos, por exemplo, imporá o regime mais severo, mesmo que a nova sentença condenatória o tenha estabelecido. O condenado, que iniciou o cumprimento da pena no regime fechado e alcançou progressão, poderá permanecer no regime semiaberto, se, sobrevindo condenação por fato anterior, já tiver cumprido 1/6 do total (art. 112, *caput*, da LEP), resultado da soma ou unificação. Assim, também, não será revogado o livramento condicional, se já tiver cumprido, não sendo reincidente, e não se tratando de crime hediondo ou equiparado, 1/3 da pena total, como deflui dos arts. 84 e 86, II, do CP e 141 da LEP.

9.6. Penas definitiva e provisória

A condenação superveniente, por fato anterior ou posterior ao início do cumprimento da pena, sem trânsito em julgado da sentença, influencia no cálculo dos prazos para obtenção de benefícios da execução sempre que, também, em razão do processo a que se refere, estiver preso o condenado. Negada a possibilidade de o réu apelar em liberdade, por persistirem os motivos da prisão preventiva, necessariamente, deve ser encaminhado ao juízo competente o processo de execução criminal provisório, para que o condenado possa ter a possibilidade de formular e ver apreciados, desde logo, os pedidos próprios da execução penal. Sendo assim, as penas (definitiva e provisória) devem ser somadas ou unificadas para efeitos de estabelecimento do regime e cálculo dos lapsos temporais, na forma do art. 111 e parágrafo único da LEP.

Obviamente, ocorrendo o contrário, ou seja, podendo o réu apelar em liberdade da sentença, a nova pena imposta não produzirá efeitos na execução até que sobrevenha o trânsito em julgado ou a confirmação da condenação em segundo grau de jurisdição.

9.7. Pena superior a 30 (trinta) anos

O art. 75, *caput*, do CP dispõe que o tempo de cumprimento das penas privativas de liberdade não pode ser superior a 30 (trinta) anos. O mencionado artigo é aplicável sempre que houver necessidade de estabelecer e limitar a pena a ser executada. Assim, se a soma das penas impostas por crimes cometidos antes do início da execução for superior a 30 (trinta) anos, o § 1º do art. 75 impõe a unificação para atender ao limite máximo.

Se o apenado sofre nova condenação por crime praticado no curso do cumprimento da pena limitada, impõe-se nova unificação, na forma do § 2º do art. 75, desprezando-se o período já cumprido de pena. Os efeitos da unificação superveniente retroagem à data do fato delituoso em razão do qual se deu a nova condenação, se não houve solução de continuidade no cumprimento da pena, ou à data da recaptura, se o crime foi cometido durante período de fuga ou na vigência de livramento condicional.

9.7.1. Tempo a cumprir. Regime e contagem dos prazos para benefícios

Dá-se a unificação do art. 75 do CP, apenas, para o efeito de atender ao limite máximo de cumprimento da pena privativa de liberdade.

Se os fatos delituosos são todos anteriores ao início do cumprimento, não sendo o caso de unificação pela continuidade delitiva, basta somar as penas e limitá-las aos 30 (trinta) anos. Tratando-se, no entanto, de condenação por fato superveniente, o cálculo do tempo a cumprir é realizado mediante a soma do saldo da pena limitada (não da pena total) com a imposta na nova condenação, não podendo ultrapassar os 30 (trinta) anos. A data do início do cumprimento, desprezado na unificação por fato superveniente o tempo de recolhimento anterior, será a da recaptura, se o novo crime foi cometido durante período de fuga ou de livramento condicional, ou a data do fato, se praticado sem que tenha ocorrido solução de continuidade no cumprimento da sanção anterior.

Os lapsos temporais para obtenção de benefícios são computados, no entanto, sobre o total das penas impostas não limitadas, se os fatos são anteriores ao início do cumprimento, ou sobre o resultado da soma do saldo da pena total anterior com a aplicada na nova condenação, tratando-se de fato superveniente. Desconsidera-se, pois, para efeito de contagem do lapso temporal, requisito objetivo do benefício, a pena limitada, preservando-se nesse aspecto a correspondente retribuição, proporcional à gravidade dos fatos e à quantidade de ações delitivas.

Assim, se o condenado à pena de 100 (cem) anos, depois de cumprir 10 (dez) anos, pratica novo crime e sofre condenação à pena de 5 (cinco) anos, terá ainda a cumprir 25 (vinte e cinco) anos, resultado da unificação do saldo da pena limitada (20 anos) com a da condenação que sobreveio (5 anos). E os prazos para benefícios serão calculados sobre os 95 (noventa e cinco) anos, resultado da soma do saldo do total da pena anterior (90 anos), com a nova pena imposta (5 anos). A data-base será a da prática do último crime ou a da recaptura. O regime será o fechado, por força da reincidência e do tempo a cumprir.

Há precedentes da 6ª Câmara Criminal do TJ/RS:

AGRAVO DA EXECUÇÃO (ART. 197 DA LEP). A base de cálculo para a concessão de benefícios na execução da pena é a soma total das reprimendas corporais impostas ao apenado, servindo o limite máximo, previsto no art. 75 do C.P.B. (30 anos), tão-só como limitador do tempo de privação da liberdade. Orientação pacificada no STJ e no STF. AGRAVO IMPROVIDO. (Agravo 70010779429, Rel. Des. Aymoré Roque Pottes de Mello, julgado em 28/04/2005)

EXECUÇÃO PENAL. ART. 75 DO CP. UNIFICAÇÃO. PENA LIMITADA A 30 ANOS. MÁXIMO DE PRIVAÇÃO DE LIBERDADE. CÁLCULO DOS LAPSOS TEMPORAIS SOBRE A PENA TOTAL. PRESERVAÇÃO DA CORRESPONDENTE RETRIBUIÇÃO, PROPORCIONAL À GRAVIDADE DOS FATOS E À QUANTIDADE DE AÇÕES DELITIVAS. DECISÃO MANTIDA. Agravo improvido. (Agravo 70021323480, Rel. Des. MABS, julgado em 08/11/2007)

9.8. Concurso de infrações (art. 76 do CP)

Não é, necessariamente, o tempo de privação da liberdade que define a pena mais grave. No concurso de infrações, tratando-se de penas de reclusão, a aplicada em razão da prática de crime hediondo ou equiparado (Lei 8.072/90), será a mais grave, ainda que menor, em função dos rigores mais acentuados da fase de execução determinados por disposições restritivas à concessão de benefícios e pelo alargamento do lapso temporal para alcançá-los. A Lei 8.072/90 dispõe que os crimes hediondos e equiparados são insuscetíveis de "anistia, graça e indulto" (inciso I do art. 2º) e, tendo acrescentado ao art. 83 do Código Penal o inciso V, estabelece a necessidade de cumprimento do 2/3 da pena para obtenção de livramento condicional, "se o apenado não for reincidente específico em crimes dessa natureza" (art. 5º).

A execução é mista. Apesar da cumulação das privativas de liberdade, executa-se "em primeiro lugar" a pena imposta pela prática de crime hediondo ou equiparado. O tempo de cumprimento vai superando os obstáculos específicos e tornando possível a concessão de benefícios pelas regras comuns, considerada para tanto a pena total. É que o tempo de cumprimento da pena mais grave será computado para efeito de implementação dos lapsos temporais, somadas as penas, porque não se trata de iniciar nova execução, mas de dar-lhe seguimento. É incabível, evidentemente, transferir para os crimes não-hediondos, pela simples soma das penas, os rigores da execução específica.

9.9. Exemplos de soma das penas, sobrevindo condenação

9.9.1. Crime anterior ao início do cumprimento da pena

PENA EM EXECUÇÃO	INÍCIO DO CUMPRIMENTO	REGIME INICIAL	REGIME VIGORANTE
9 anos	1º/01/2000	fechado	semiaberto

NOVA CONDENAÇÃO	DATA DO FATO	REGIME
9 anos	10/10/1999	fechado

PENA TOTAL	DATA-BASE PARA BENEFÍCIOS	REGIME	
18 anos	1º/01/2.000	mais de 1/6	semiaberto
		menos de 1/6	fechado

9.9.2. Crime praticado no curso do cumprimento da pena, sem solução de continuidade (crime cometido no cárcere)

PENA EM EXECUÇÃO	INÍCIO DO CUMPRIMENTO	REGIME INICIAL	REGIME VIGORANTE
9 anos	1º/01/2.000	fechado	fechado

NOVA CONDENAÇÃO	DATA DO FATO	REGIME
9 anos	1º/01/2003	fechado

PENA TOTAL	TEMPO CUMPRIDO ATÉ A DATA DO NOVO CRIME (DESPREZADO)	DATA-BASE PARA BENEFÍCIOS	REGIME
15 anos	3 anos	1º/01/2003	fechado

9.9.3. Crime praticado no curso do cumprimento de pena provisória, sem solução de continuidade (crime cometido, por exemplo, durante saída temporária)

PENA EM EXECUÇÃO PROVISÓRIA	INÍCIO DO CUMPRIMENTO	REGIME INICIAL	REGIME VIGORANTE
6 anos	1º/01/2000	semi-aberto	semiaberto

NOVA CONDENAÇÃO	DATA DO FATO	REGIME
7 anos	1º/01/2001	semiaberto

PENA TOTAL	TEMPO CUMPRIDO ATÉ A DATA DO NOVO CRIME (DESPREZADO)	DATA-BASE PARA BENEFÍCIOS	REGIME
12 anos	1 ano	1º/01/2001	fechado

9.9.4. Crime praticado após o início do cumprimento da pena, com solução de continuidade (crime cometido durante período de fuga)

PENA EM EXECUÇÃO	INÍCIO DO CUMPRIMENTO	REGIME INICIAL	DATA DA FUGA
6 anos	1º/01/2000	semiaberto	1º/01/2002

NOVA CONDENAÇÃO	DATA DO FATO	REGIME
9 anos	30/01/2002	Fechado

PENA TOTAL	TEMPO CUMPRIDO ATÉ A FUGA (DESPREZADO)	DATA-BASE PARA BENEFÍCIOS (RECAPTURA)	REGIME
13 anos	2 anos	10/10/2003	Fechado

9.9.5. Crime posterior ao início do cumprimento da pena limitada a 30 anos. Nova unificação

PENA EM EXECUÇÃO	INÍCIO DO CUMPRIMENTO	REGIME INICIAL
100 anos	1º/01/1990	Fechado

NOVA CONDENAÇÃO	DATA DO FATO	REGIME
5 anos	1º/01/2000	fechado (reincidência)

PENA A CUMPRIR	TEMPO CUMPRIDO ATÉ A DATA DO NOVO CRIME (DESPREZADO)	DATA-BASE PARA BENEFÍCIO	BASE DE CÁLCULO	REGIME
25 anos	10 anos	1º/01/2000	95 anos	Fechado

9.9.6. Crime praticado durante livramento condicional. Pena limitada a 30 anos. Nova unificação

PENA EM EXECUÇÃO E BASE DE CÁLCULO	INÍCIO DO CUMPRIMENTO E DATA-BASE	REGIME INICIAL	DATA DO LIVRAMENTO CONDICIONAL
40 anos	01/01/1972	fechado	01/01/2000

NOVA CONDENAÇÃO	DATA DO FATO	REGIME	TEMPO DE CUMPRIMENTO ATÉ A DATA DO NOVO CRIME	TEMPO DE LIVRAMENTO CONDICIONAL (DESPREZADO)
10 anos	01/01/2001	fechado	28 anos	1 ano

PENA A CUMPRIR	DATA DA RECAPTURA E BASE PARA BENEFÍCIOS	BASE DE CÁLCULO	REGIME
12 anos	01/01/2001	22 anos	Fechado

10. Unificação das penas e continuidade delitiva

Ao examinar as condenações impostas ao agente, verificando a presença dos requisitos do art. 71, *caput*, do CP, o juiz da execução reconhecerá a continuidade delitiva e unificará as penas.

Para a caracterização do crime continuado é necessário que "as condições de tempo, lugar, maneira de execução e outras semelhantes" denotem que o agente, na prática das infrações da mesma espécie, agiu com um só propósito (unidade de desígnios). O subjetivismo que envolve a análise da questão impõe ao juiz enfrentar cada caso de acordo com as suas peculiaridades, tendo sempre em mente que a figura jurídica tem por objetivo evitar penas privativas de liberdade tornadas, pela simples soma, excessivamente longas, desproporcionais aos fatos ou insustentáveis no cotejo com as aplicadas por crimes mais graves. É desaconselhável, assim, na interpretação do art. 71, *caput*, do CP, fixar critérios objetivos, estabelecendo tempo máximo entre um crime e outro e medindo em quilômetros as distâncias entre os locais das infrações, para que a subsequente seja tida como continuação da primeira. Há entendimento jurisprudencial no sentido de que o tempo máximo é de 30 dias e de que os crimes devem ter sido cometidos no mesmo município. Mas e se tiverem transcorrido 31 ou 40 dias, a unificação por isso será negada? E a distância entre bairros não pode ser muito superior à que se verifica entre municípios? Por tudo, vincular a figura do crime continuado a critérios objetivos pode facilitar a tarefa do juiz, mas certamente criará armadilhas e dificilmente produzirá julgamentos justos e jurídicos. As circunstâncias do caso concreto é que devem indicar o caminho a ser tomado.

Se a sentença aplicou as penas correspondentes a dois ou mais crimes, sem se pronunciar sobre a continuidade delitiva ou o cúmulo material, nada impede que a questão seja suscitada perante o juízo da execução, cabendo a ele então decidir.

Na dinâmica da execução penal, na qual praticamente tudo é modificável, a unificação das penas pode englobar até mesmo crimes em relação aos quais a sentença transitada em julgado entendeu não configurada a continuidade delitiva. Com efeito, aportando outras condenações oriundas de juízos ou processos diversos, muitas vezes "o requisito", antes tido por ausente, evidencia-se com a aproximação das ações delitivas, de tal modo que, sob a ótica da execução, passa a configurar-se o crime continuado. É possível ainda reconhecer a continuidade delitiva, mesmo que antes tenha sido rejeitada pelo próprio juiz da execução, uma vez modificada a situação fática pelo ingresso de outra condenação. Assim, por exemplo, se o juiz indeferiu o pedido, sob o argumento de que entre um crime e outro 60 dias se passaram e o máximo admissível seria 30 dias, ingressando condenação por crime da mesma espécie, cometido no tempo que medeia entre dois, restará superado o óbice. Isso bem demonstra o contra-senso que a fixação de critérios objetivos pode gerar.

Há a possibilidade, também, de se caracterizar o crime continuado em séries de ações, hipótese em que o juiz fará a unificação das penas por blocos, para, a final, somar as penas correspondentes a cada um dos grupos, em cúmulo material.

Ao unificar as penas pela continuidade delitiva, cabe ao juiz proceder ao cálculo, aplicando o aumento correspondente sempre sobre a pena mais grave. É necessário observar nesse momento se a pena mais elevada já não sofreu acréscimo decorrente da aplicação do art. 71 do CP. Caso positivo, o juiz estará diante da hipótese de inclusão de pelo menos mais um crime na série continuada, devendo estabelecer fundamentadamente novo *quantum* de aumento, que não poderá ser inferior ao aplicado na sentença transitada em julgado. Obviamente, a base do cálculo não incluirá o acréscimo aplicado na sentença por força da continuidade delitiva.

Os limites de aumento estabelecidos pelo legislador vão de 1/6 a 2/3, para os crimes cometidos sem emprego de violência ou grave ameaça à pessoa (art. 71, *caput* do CP), e de 1/6 ao triplo nos crimes dolosos cometidos contra vítimas diferentes, com emprego de violência ou grave ameaça à pessoa (art. 71, parágrafo único, do CP).

Na hipótese do *caput* do art. 71, a quantidade de ações delitivas é decisiva para o gradual aumento da pena. Assim, para dois crimes, o aumento será de 1/6; para três, 1/5; para quatro, 1/4; para cinco, 1/3; para seis, 1/2; para sete ou mais crimes, 2/3. Esse é o critério utilizado pelo Tribunal de Alçada Criminal de São Paulo, citado por Damásio de Jesus.[3]

Obviamente, o juiz detém certa dose de arbítrio na operação, caso contrário estaria transformada a fixação da pena em mera operação aritmética. O arbítrio, no entanto, na aplicação do *caput* do art. 71 só pode ser empregado em favor do agente. Em outras palavras, o juiz poderá aplicar aumento inferior ao indicado pela quantidade de ações delitivas, se motivo houver para tanto, jamais acréscimo superior.

Na hipótese do parágrafo único do art. 71, a quantidade de ações delitivas é o principal, não o único, critério para o aumento da pena, já que o juiz levará em conta também a culpabilidade, os motivos e as circunstâncias dos crimes para aplicar maior ou menor aumento dentro dos limites estabelecidos. Descarto a possibilidade de considerar os antecedentes, a conduta social e a personalidade, porque a pena deve ser imposta em função do fato, não do que a pessoa é ou deixa de ser.

Na maior dose de arbítrio conferida pelo parágrafo único do art. 71, ainda assim, o juiz da execução não poderá considerar desfavoráveis critérios tidos por comuns ou favoráveis pelo juiz do processo de conhecimento, no momento da aplicação da pena-base.

O aumento pela continuidade delitiva jamais poderá agravar a situação do apenado, resultando em pena superior à do cúmulo material, por força do disposto no art. 70, parágrafo único, do CP, ao qual remete o parágrafo único do art. 71.

Sempre que deferir pedido de unificação das penas, aplicando as regras do crime continuado, o juiz estabelecerá o regime de cumprimento e mandará retificar a guia de recolhimento. É conveniente que observe se os crimes foram praticados em concurso pelas mesmas pessoas. Nesse caso, como para cada apenado há um processo de execução, o juiz determinará que seja lançada certidão sobre a unificação nos autos dos processos correspondentes aos co-réus condenados, para atribuir-lhes tratamento isonômico.

---

[3] *Código Penal Anotado.* 13ª ed. São Paulo: Saraiva, 2002. p. 260

EXECUÇÃO PENAL. CRIME CONTINUADO. UNIFICAÇÃO DAS PENAS. CRITÉRIO DE AUMENTO VINCULADO, ESPECIALMENTE, À QUANTIDADE DE AÇÕES DELITIVAS. O PARÁGRAFO ÚNICO DO ARTIGO 71 DO CÓDIGO PENAL ESTÁ SUBORDINADO, POR REGRA DE HERMENÊUTICA, AO *CAPUT* DO MESMO ARTIGO. ASSIM, O AUMENTO MÍNIMO CABÍVEL NA UNIFICAÇÃO É SEMPRE O DE 1/6. (Agravo 70012495511, 6ª Câmara Criminal, TJ/RS, Rel. MABS, julgado em 27/10/2005)

REVISÃO CRIMINAL. JULGADO EM SEDE DE EXECUÇÃO. CABIMENTO. UNIFICAÇÃO DE PENAS. CONTINUIDADE DELITIVA (ART. 71, PARÁGRAFO ÚNICO, DO CP). EXACERBAÇÃO MÁXIMA, INCOMPATÍVEL COM DECISÃO ANTERIOR, COM A QUANTIDADE DE AÇÕES DELITIVAS E COM A PRÓPRIA FINALIDADE DA FIGURA JURÍDICA DO CRIME CONTINUADO. ERRO TÉCNICO. VIOLAÇÃO DO PRINCÍPIO DA PROPORCIONALIDADE E DA VEDAÇÃO À *REFORMATIO IN PEJUS*. Ação julgada procedente, por maioria. (Revisão criminal 70008297913, 3º Grupo Criminal, TJ/RS, Rel. MABS, julgado em 21/5/2004)

11. Disciplina

11.1. Considerações gerais

Com base no art. 44, *caput*, da LEP, especialmente, é que a autoridade administrativa avalia a conduta do preso, elemento decisivo na apreciação dos pedidos de benefícios. Assim, aquele que colaborar com a ordem, obedecer às determinações das autoridades e seus agentes e bem desempenhar o trabalho que lhe for atribuído será "disciplinado", ou seja, terá conduta adequada. Já aquele que não se comportar dentro do padrão imposto será tido como indisciplinado.

Cumpre lembrar, no entanto, que não se trata do sistema penitenciário sueco, mas das cadeias do Brasil, nas quais a afronta aos Direitos Humanos constitui triste rotina, especialmente no regime fechado. Em nossos cárceres vigoram a cultura da brutalidade e a lei do mais forte. As brigas de facções são toleradas, às vezes, viabilizadas e incentivadas. Os algozes dos presos, quando não são exatamente aqueles que deveriam zelar por sua integridade física, são os próprios detentos. Em muitas penitenciárias, presos são utilizados no tráfico interno de drogas e tudo é negociável, desde o local para dormir até o direito a atendimento médico, passando pela obtenção de alguma atividade que permita a remição da pena. Além de tudo, os direitos do presos, consagrados em lei, são solenemente ignorados.

Há evidente inversão de valores: os presos submissos, bajuladores e alcaguetes são considerados bem comportados, recebem elogios e regalias, enquanto os que se revoltam, reclamam por seus direitos, não se submetem à situação de ilegalidade e são solidários com os companheiros têm "conduta insatisfatória" ou "péssima".

É claro que, mesmo lidando com a precariedade, com a ausência de meios materiais e de recursos humanos, há agentes penitenciários dedicados e competentes, que conseguem desenvolver bom trabalho.

Seja como for, dentro de um quadro de reiterado descumprimento da lei e de verdadeira exacerbação da pena, sendo difícil exigir colaboração com a ordem (que ordem?), obediência às determinações (quais determinações?) e desempenho no trabalho (que trabalho?), o atestado de conduta deve ser sempre recebido com cautela e avaliado segundo a realidade do cárcere. Por isso, o parecer sobre a conduta do preso deve ser fundamentado. É inconcebível, por exemplo, que o diretor do estabelecimento atribua bom comportamento ao preso que, por exemplo, recentemente, praticou falta grave e sofreu regressão de regime. Em contrapartida, é inaceitável que o diretor do estabelecimento ateste conduta inadequada do preso que não sofreu qualquer punição por fato disciplinar regularmente apurado.

O parágrafo único do art. 44 da LEP apenas estabelece que estão sujeitos à disciplina "o condenado à pena privativa de liberdade ou restritiva de direitos e o preso provisório".

Por exclusão e, de resto, por motivos óbvios, a pessoa submetida à medida de segurança não está sujeita a regras disciplinares, sendo incabível impor-lhe qualquer espécie de sanção.

O art. 48, *caput*, da LEP refere-se às penas restritivas de direitos consistentes em limitação de fim de semana e prestação de serviços à comunidade ou a entidades públicas (art. 43, IV e VI, do CP). À primeira, porque é cumprida em albergue (art. 48, *caput*, do CP), e à segunda, em função do disposto no art. 79, II, da LEP, que atribui ao Patronato, órgão da execução penal, a função, também, de fiscalizá-la, embora isso, provavelmente, nunca tenha ocorrido. É incompreensível, no entanto, a atribuição, no mencionado art. 48, do poder disciplinar à autoridade administrativa. Ocorre que, na prestação de serviços à comunidade, o controle das atividades do condenado é exercido pela entidade beneficiada, à qual cabe, diante da ausência do prestador ou do cometimento de falta disciplinar, unicamente, comunicar ao juiz da execução (art. 150 da LEP). Na limitação de fim de semana, da mesma forma, ao diretor do estabelecimento designado cabe tão-somente comunicar ao juiz "a ausência ou a falta disciplinar do condenado" (art. 153 da LEP). A conversão da pena restritiva de direitos em privativa de liberdade é providência inerente ao exercício da atividade jurisdicional.

11.2. Princípio da legalidade ou da reserva legal

O art. 45, *caput*, da LEP submete ao princípio da legalidade ou da reserva legal (art. 5°, XXXIX, da CF e 1° do CP) a falta e a sanção disciplinar, dispondo que não haverá sem expressa e anterior previsão legal ou regulamentar.

Se o fato praticado pelo preso não se enquadra no elenco de faltas graves do art. 50 da LEP, complementado pelo art. 52, e se a legislação local não o especifica como falta média ou leve, com a correspondente sanção (art. 49, *caput*, da LEP), não constitui infração disciplinar e, portanto, é impunível.

11.3. Poder disciplinar e procedimento

O poder disciplinar imediato é exercido pela autoridade administrativa, como deflui dos arts. 47, 54, *caput*, e 60, *caput*, parte inicial, todos da LEP. Esse poder, no entanto, não é absoluto. Com efeito, nenhuma punição pode ser imposta sem que seja assegurado ao preso o direito de defesa, em regular procedimento administrativo, e sem que a decisão seja fundamentada (arts. 5°, LV, da CF e 59 da LEP), nem gerar efeitos sem que tenha passado pelo controle da legalidade, exercido no espaço democrático, público e transparente do processo de execução penal.

Entre as atribuições do juiz da execução se inclui a de "zelar pelo correto cumprimento da pena" (art. 66, VI, da LEP). Obviamente, se alguma punição for imposta ilegalmente ao preso a pena estará sendo cumprida de modo incorreto, cabendo ao juiz o dever de intervir, mesmo de ofício, para fazer cessar a coação ilegal. Aliás, como foi dito, tudo o que diga respeito à pessoa do preso interessa ao Judiciário.

É comum, na prática de qualquer falta grave ou não, o preso ser punido sem instauração de procedimento disciplinar. O isolamento "preventivo" é imposto sem comunicação ao juiz da execução, em flagrante violação ao art. 58, parágrafo único, da LEP, e perdura muitas vezes por tempo muito superior ao legalmente permitido (art. 60, *caput*, parte inicial, da LEP). Diretores de estabelecimentos de regimes aberto e semi-aberto aplicam, de fato, regressão de regime, ato inerente à atividade jurisdicional. As "faltas disciplinares" são averbadas no prontuário do preso de modo abusivo, gerando atestados de conduta insatisfatória. Punições coletivas são impostas, sem a mínima preocupação com a apuração da responsabilidade individual no episódio, ou suposto episódio.

Por tudo, são indispensáveis a fiscalização do Ministério Público (art. 67 da LEP), a atuação efetiva da defesa técnica e o pronunciamento judicial, homologando ou não, vale dizer, confirmando ou não o procedimento disciplinar.

Esse controle das punições, certamente, desagrada a certos carcereiros, que preferem manter poder total sobre a pessoa do preso, o que é inconcebível.

No Rio Grande do Sul o problema foi amenizado, com a edição de provimento administrativo, inicialmente, pela Vara de Execuções Criminais de Porto Alegre, disciplinando o procedimento da seguinte forma:

> Os Juízes da Vara das Execuções Criminais da Capital, no uso de suas atribuições legais e considerando o reiterado descumprimento do art. 5º, LV, da Constituição Federal, e dos dispositivos da Lei de Execuções Penais e do Regimento da Disciplina Prisional (omissis) na aplicação das sanções disciplinares aos apenados,
>
> DETERMINAM:
>
> a) o isolamento preventivo do apenado (art. 60, "caput", da LEP), somente poderá ser decretado em face da prática de falta grave (art. 50 da LEP) e por ato motivado da autoridade administrativa, imediatamente comunicado ao Juízo da Vara de Execuções Criminais (art. 58, parágrafo único, da LEP);
>
> b) a comunicação de que trata o item anterior conterá a descrição do fato praticado, os fundamentos da decisão administrativa e a indicação do local onde permanecerá o apenado;
>
> c) a sanção disciplinar de suspensão ou restrição de direitos (art. 53, III, da LEP) somente poderá ser executada após apuração da falta em procedimento administrativo, decisão motivada da autoridade competente (art. 59 da LEP) e homologação pelo Juízo das Execuções Criminais;
>
> d) a averbação da falta e da punição imposta, no prontuário do apenado, será efetivada apenas após a homologação do procedimento disciplinar pelo Juízo das Execuções Criminais;
>
> e) o descumprimento deste provimento e a aplicação de penalidade aos apenados, sem a observância das formalidades legais, provocará representação perante a Superintendência dos Serviços Penitenciários contra a autoridade administrativa responsável, que ficará sujeita às sanções legais.

O provimento é de 11/07/1995 e, de início, foi muito mal recebido. Os Juízes passaram a exigir no procedimento administrativo disciplinar o respeito, na dimensão que se impõe, ao contraditório e à ampla defesa, tornando efetivo o direito do preso de constituir defensor ou de ter a assistência da Defensoria Pública, assim como de produzir provas.

Passou a haver controle, também, sobre a espécie de sanção imposta, muitas vezes minimizada pelo juiz, ou cancelada por ausência de previsão legal.

Com o tempo, o provimento, que foi aprovado pela Corregedoria-Geral da Justiça e resistiu a inúmeros recursos, com o Tribunal de Justiça reconhecendo a necessidade do controle adotado, acabou por ser aceito e se incorporou à rotina.

No caso de isolamento do preso (o preventivo passou a ser cancelado, quando infundado ou manifestamente incabível), a interpretação de que cabe ao diretor do estabelecimento penal, apenas, comunicar o fato ao juiz da execução, que só poderia agir, mesmo para fazer cessar coação ilegal, mediante provocação consistente em reclamação ou recurso do preso, significa, na prática, a consagração do que se pretende evitar: o poder total sobre o preso, com a imposição de castigos infundados e perseguições pessoais, tão comuns nos presídios. Ademais, se o preso for punido com isolamento, evidentemente, não terá como se comunicar e só poderá reclamar ou "recorrer" depois de cumprir a sanção. Então, na prática, nunca haveria recurso eficaz, tornando-se a decisão, por mais absurda que fosse, definitiva.

11.4. Falta grave

O art. 50 da LEP estabelece as condutas que configuram falta grave. São necessárias algumas observações.

A conduta do inciso I ("incitar ou participar de movimento para subverter a ordem ou a disciplina") pressupõe, em primeiro lugar, a existência de ordem e disciplina no estabelecimento penal, o que é raro. As penitenciárias, de regra, têm estrutura bem diferente daquela exigida pelo art. 88 da LEP, e as delegacias de polícia, onde, também, são amontoados os presos, sequer podem receber o título de "estabelecimento penal", porque não figuram entre aqueles como tal considerados no Título IV, Capítulos I a VII, da LEP. Se o cárcere não oferece as mínimas condições de abrigar um ser humano, já não se pode falar em ordem. Em segundo lugar, é indispensável questionar sobre os motivos da incitação ou da participação no movimento, pois nem sempre o ato objetiva "subverter a ordem ou a disciplina". Quase sempre, rebeliões e motins são consequências da própria estrutura perversa do sistema, voltada unicamente para o castigo, e da reiterada sonegação de direitos dos presos. Também, decorrem de iminente situação de perigo, pela ameaça ou ataque de grupo rival; do espancamento de presos por agentes; da omissão de socorro a preso ferido ou enfermo; e assim por diante. Em outras palavras, a rebelião e o motim, geralmente, não têm outro objetivo senão o de chamar a atenção para uma situação insuportável. É a forma que as pessoas presas têm de se fazerem ouvir. A participação no movimento, vale lembrar, nem sempre é voluntária. Os que se recusam a participar podem pagar com a vida. Diante de circunstância que denote a ausência de vontade consciente de, simplesmente, subverter a ordem ou a disciplina, é incabível impor punição.

A configuração da conduta do inciso II ("fugir") não é tão simples quanto pode parecer. Sem pretender abordar a questão do direito natural do ser humano de buscar a liberdade, porque a esse anseio, quanto aos presos, se contrapõe a obrigação do Estado de fazer cumprir a pena como imposta, há fugas que se justificam, por inúmeras razões, entre as quais estão algumas das acima mencionadas e aquelas referidas no capítulo da regressão de regime.

Quanto ao inciso III, há situações em que o preso se vê obrigado a manter consigo "instrumento capaz de ofender a integridade física de outrem". A mais comum é a de ter sido ou sentir-se ameaçado de morte, o que, no mínimo, ameniza a infração.

A conduta do inciso IV ("provocar acidente de trabalho") exige dolo, não sendo punível a forma culposa.

No tocante ao disposto no art. 52, *caput*, parte inicial, da LEP, que classifica como falta grave "A prática de fato previsto como crime doloso...", viola o princípio da presunção de inocência.[4]

11.5. Aplicação das sanções

Na aplicação das sanções disciplinares previstas no art. 53, I a IV, da LEP, assim como da regressão de regime, impõe-se a obser-

---
[4] Remeto à leitura do comentário sobre a regressão de regime (art. 118, I, da LEP).

vância do disposto no art. 57, *caput*, também, da LEP, com a redação introduzida pela Lei 10.792/03. Natural que sejam levados em conta "a natureza, os motivos, as circunstâncias e as conseqüências do fato", quase como se estivesse o julgador fixando a pena-base pela prática de crime (art. 59 do CP). Afinal, vigora também na aplicação das penas disciplinares previstas para a execução penal o princípio da proporcionalidade, que envolve adequação, necessidade e razoabilidade.

É incabível, no entanto, valorar negativamente "a pessoa do faltoso e seu tempo de prisão", como prevê a parte final do *caput* do art. 57 da LEP. A punição imposta deve estar relacionada diretamente com o fato praticado, não com as circunstâncias que cercam a pessoa.

Eugenio Raúl Zaffaroni e José Henrique Pierangeli ensinam:

(...) o certo é que um direito que reconheça, mas que também respeite a autonomia moral da pessoa, jamais pode penalizar o "ser" de uma pessoa, mas somente o seu agir, já que o direito é uma ordem reguladora da conduta humana. Não se pode penalizar um homem por ser como escolheu ser, sem que isso violente a sua esfera de autodeterminação (*Manual de Direito Penal Brasileiro*, 4ª ed., São Paulo, Revista dos Tribunais, 2002, p. 114-119).

O tempo de prisão pode ser considerado, apenas, como fator de abrandamento da punição. Não teria mesmo sentido aplicar, por exemplo, a regressão de regime ao preso que descumpriu condições do regime aberto, já nos últimos dias do cumprimento da pena.

O parágrafo único do art. 49 da LEP, ao dispor que "Pune-se a tentativa com a sanção correspondente à falta consumada", viola princípios elementares de Direito Penal (v. José Antônio Paganella Boschi em *Comentários à Lei de Execuções Penais*, 3ª ed., Aide, 1987, p. 63), modo especial o da proporcionalidade, contrariando, aliás, a regra do art. 57, *caput*, da própria LEP.

No que concerne à sanção prevista no art. 53, IV, da LEP ("isolamento na própria cela, ou em local adequado, nos estabelecimentos que possuam alojamento coletivo, observado o disposto no art. 88 desta Lei"), se aplicada corretamente aos presos do regime fechado, atirados em masmorras, certamente seria bem-vinda. Não fosse trágico, seria irônico.

11.6. Regime disciplinar diferenciado

Ainda no tema da aplicação das sanções disciplinares, merece especial atenção o chamado regime disciplinar diferenciado, introduzido pela Lei 10.792/2.003, que alterou a redação do *caput* do art. 52 da LEP, deu-lhe incisos e parágrafos, dispondo o seguinte:

> Art. 52. A prática de fato previsto como crime doloso constitui falta grave e, quando ocasione subversão da ordem ou da disciplina internas, sujeita o preso provisório, ou condenado, sem prejuízo da sanção penal, ao regime disciplinar diferenciado, com as seguintes características:
> I – duração máxima de trezentos e sessenta dias, sem prejuízo de repetição da sanção por nova falta grave de mesma espécie, até o limite de um sexto da pena aplicada;
> II – recolhimento em cela individual;
> III – visitas semanais de duas pessoas, sem contar crianças, com duração de duas horas;
> IV – o preso terá direito à saída da cela por 2 horas diárias para banho de sol.
> § 1º O regime disciplinar diferenciado também poderá abrigar presos provisórios ou condenados, nacionais ou estrangeiros, que apresentem alto risco para a ordem e a segurança do estabelecimento penal ou da sociedade.
> § 2º Estará igualmente sujeito ao regime disciplinar diferenciado o preso provisório ou o condenado sob" (leia-se: sobre) "o qual recaiam fundadas suspeitas de envolvimento ou participação, a qualquer título, em organizações criminosas, quadrilha ou bando".

Sobre a parte inicial do *caput* do art. 52, comentou-se que viola flagrantemente o princípio da presunção de inocência. Da mesma forma, falou-se sobre a "subversão da ordem e da disciplina".

Não se pode olvidar que, para a prática de crime doloso, o Código de Processo Penal prevê a possibilidade de ser decretada a prisão preventiva, se presentes os requisitos dos arts. 312 e 313. E nada impede que a prisão cautelar atinja a pessoa que já se encontra presa.

Ao que parece, a Lei 10.792/03 criou uma forma de "privação de liberdade" dentro da situação de privação de liberdade, separando totalmente o preso do convívio com os demais, mantendo-o isolado e impedindo que exerça o trabalho interno e qualquer tipo de atividade por até 360 dias (quase 1 ano), renováveis por igual período na repetição da "falta", o que contraria a finalidade da execução penal, fere o princípio da individualização e viola o art. 5º, XLVII, *e*, da CF, que veda penas cruéis. Além do mais, acena com a possibilidade de transferência do preso para outra unidade da federação (art. 72, VI, da LEP), podendo com isso inviabilizar o direito de receber visitas.

Pior ainda é a possibilidade de enquadrar o preso no regime disciplinar diferenciado, por apresentar "alto risco para a ordem e a segurança do estabelecimento penal ou da sociedade" (§ 1º do art. 52 da LEP) ou for suspeito de envolvimento com o crime organizado, quadrilha ou bando (§ 2º do art. 52 da LEP). Os critérios são altamente subjetivos e abrem espaço para o arbítrio. Ademais, é difícil imaginar que a pessoa submetida à custódia do Estado possa oferecer risco à sociedade, e é inconcebível impor punição com base em mera suspeita.

Seja como for, a caracterização das hipóteses previstas nos parágrafos do art. 52 está condicionada à "prática de fato previsto como crime doloso", como estabelecido no *caput*.

Para melhor compreensão do tema, transcreve-se o excelente artigo intitulado "O Suplício de Tântalo: A Lei 10.792/03 e a Consolidação da Política Criminal do Terror", de autoria dos Juristas Salo de Carvalho e Alexandre Wunderlich:

> Em maio de 2003, após manifestação pública do Prof. René Ariel Dotti no Congresso Brasileiro de Direito e Processo Penal realizado em Salvador, um grupo de juristas preocupados com o rumo da Política Criminal nacional, criou o MOVIMENTO ANTITERROR (MAT). Coordenado pelo advogado carioca Luís Guilherme Vieira, e contando com o apoio dos principais institutos nacionais – Instituto Brasileiro de Ciências Criminais (IBCCrim), Instituto Transdisciplinar de Estudos Criminais (!TEC), Instituto Carioca de Criminologia (ICC), Grupo Brasileiro da Associação Internacional de Direito Penal (AIDP), Instituto de Defesa do Direito de Defesa (IDDD), Instituto de Hermenêutica Jurídica (IHJ) e Instituto de Ciências Penais de Minas Gerais (ICP/MG) –, o MAT professou objetivo de "sensibilizar os poderes do Estado, os administradores e trabalhadores da justiça penal, os meios de comunicação, as universidades, as instituições públicas e privadas, e os cidadãos de um modo geral, para a gravidade humana e social representada por determinados projetos que tramitam no Congresso Nacional e que pretendem combater o aumento da violência, o crime organizado e o sentimento de insegurança com o recurso a uma legislação de pânico." (Carta de Princípios do Movimento Antiterror in: *Revista de Estudos Criminais* (10), Porto Alegre: !TEC/PPGCCrim PUCRS/Notadez, 2003, p. 7).
>
> Em realidade, o que mobilizou o grupo foi a tramitação no Congresso Nacional de projeto de Lei que instituía o Regime Disciplinar Diferenciado (RDD), normativa cujo conteúdo criava, no caótico sistema penitenciário brasileiro, uma forma absolutamente desumana de apartação da pessoa presa rotulada como "ameaça à segurança social".
>
> O projeto era baseado em Portaria que o Governo do Estado de São Paulo havia instituído para "controlar" uma série de incidentes em seu sistema carcerário. A

Portaria nominara o RDD, criando inúmeras restrições aos direitos dos presos considerados "perigosos", inclusive ao direito de defesa, pois limitou sobremaneira o contato com o advogado. Apesar da absoluta ilegalidade do ato, sobretudo porque a Lei de Execução Penal delegava ao Poder Público Estadual apenas a atribuição de disciplinar as sanções e os procedimentos de apuração de faltas leves e médias, restringindo, pelo princípio da legalidade, ao Legislativo Federal a disciplina dos fatos considerados como falta grave, o RDD alcançou eficácia na condução da execução da pena dos suspeitos de participarem de organizações criminosas.

Com forte apoio dos meios de comunicação de massa, alguns parlamentares assumiram o compromisso de universalizar o regime diferenciado via Lei Federal. O plano de generalizar o RDD atingiu seu ápice quando os veículos de comunicação passaram a vincular a imagem do advogado com a do réu/condenado preso – principalmente nos casos de tráfico ilícito de entorpecentes e tráfico de armas. Assim, o elo do advogado com o criminoso passou a reforçar, no senso comum teórico do homem da rua (every day theories), a obrigação de restringir ao máximo os "demasiados" direitos do preso (provisório ou condenado) possibilitados pela "branda" legislação vigente.

O solo discursivo necessário para brotar a legislação de pânico estava fértil: cultura de emergência fundada nas premissas "impunidade" e "aumento da criminalidade", e a vinculação destes fatores (impunidade e alta criminalidade) ao "excesso de direitos e garantias" do réu/condenado. A resposta contingente seria conseqüência natural: em 02 de dezembro de 2003 é publicada a Lei 10.792, que altera a Lei de Execução Penal e o Código de Processo Penal.

Não obstante consolidar alguns posicionamentos jurisprudenciais e doutrinários de vanguarda que vinham sendo adotados por magistrados com compromisso constitucional (neste sentido, ver as alterações no art. 112 da LEP que determina a fundamentação das decisões judiciais e estabelecimento do contraditório prévio nos incidentes de execução; a modificação no art. 185 do CPP que, ao tratar do interrogatório, determina a obrigatoriedade da presença do advogado e a concessão do direito de entrevista reservada do acusado com o defensor antes do depoimento pessoal, bem como a regulamentação do direito ao silêncio. Decisões, com fundamento constitucional, que contemplam a integralidade das alterações mencionadas, conferir em Carvalho, Amilton Bueno. Garantismo Penal Aplicado. RJ: Lumen Juris, 2003), o Poder Público vez mais recorre ao apelo simbólico das Leis de ocasião para entorpecer a sociedade civil com respostas ineptas. Nesta ação meramente cênica, algumas migalhas servem como mecanismo retórico para minimizar os efeitos perversos da Lei 10.792/03. Na verdade, o recente texto delimita uma forma de execução da pena totalmente inédita, visto que consagra em Lei o suplício gótico vivido pelos condenados nos presídios brasileiros. Se antes ainda havia possibilidade de desqualificar a desumana realidade carcerária nacional invocando a LEP, com sua alteração, a tragédia é subsumida à Lei. Não nos referimos, logicamente, a eventual legitimidade que a Lei 10.792/03 estaria auferindo à péssima "qualidade de vida doméstica" imposta ao preso. Certamente nosso legislador não encontraria palavras para descrever a fétida realidade prisional; não teria coragem de redigir texto cujo conteúdo produzisse a adequação da Lei ao cotidiano de ostentação do sofrimento; não realizaria o ato de desvelar o gozo da "opinião publicada" ao ver seus excluídos penarem corporalmente.

A Lei sempre foi um não-lugar, ou seja, algo que se projeta como conquista; algo que não se tem mas que se deseja; algo que inexiste mas que projeta uma ação.

A Lei 10.792/03, ao incorporar o RDD na (des)ordem jurídica nacional, vinculando o ingresso do preso no regime diferenciado quando forem "suspeitos de envolvimento ou participação, a qualquer título, em organização criminosa, quadrilha ou bando" ou no caso de apresentarem "alto risco para a ordem e a segurança do estabelecimento penal ou da sociedade", manifesta o assentimento dos Poderes Públicos com práticas regulares nas penitenciárias nacionais: arbitrariedade na adjetivação dos atos cotidianos dos presos em decorrência da imprecisão dos termos regulamentadores (v.g. suspeita de participação e envolvimento a qualquer título, alto risco para a ordem, incitar movimento para subverter a ordem e a disciplina etc); minimização dos direitos de defesa na averiguação das faltas disciplinares; abusos na dilatação do tempo predeterminado da sanção disciplinar.

Muito embora tenhamos como clara a inconstitucionalidade da Lei, visto que a manutenção de pessoa em isolamento por até 360 dias não pode receber outra denominação senão a de pena cruel, vedada pela Carta Constitucional (art. 5º, inciso XLVII, CR), tememos que nossos Tribunais, a começar pelas Cortes Superiores (STF e STJ), inebriados pelos discursos de emergência, não utilizem os mecanismos de controle de constitucionalidade e, por conseqüência, acolham a barbárie posta em Lei como se fosse mera técnica pedagógica de isolamento. Tudo porque não é preciso ser "expert" da área da saúde para notar que "o isolamento celular diuturno de longa duração é um dos instrumentos de tortura do corpo e da alma do condenado e manifestamente antagônico ao princípio constitucional da dignidade humana." (Carta de Princípios do Movimento Antiterror, op. cit., 09).

A admissão passiva de Leis penais que diariamente incrementam e sofisticam nosso inquisitivo sistema processual – seja na fase cognitiva ou na esfera de execução penal –, fruto da aceitação de parte de nossa doutrina nas reformas pontuais da Legislação, acarreta na concordância com a lógica sancionatória de Tântalo.

Condenado aos infernos, Tântalo foi sentenciado a eterna fome e sede. Sempre que se aproximava do lago a água lhe fugia, e no momento em que chegava próximo à árvore dos frutos esta era alçada a uma altura que não podia alcançar. A metáfora ganha contornos de realidade, pois o mito do suplício de Tântalo parece retratar nossa cruel experiência punitiva: longe de ser projetada uma reforma humanista fundada na principiologia constitucional, a Lei dobra a punição, condenando o cidadão preso, para além da privação da liberdade, à inexaurível situação de penúria.
(*Boletim IBCCrim*, nº 14, janeiro de 2004)

11.7. Prescrição da falta disciplinar. Extinção da punibilidade

Como ocorre em relação aos crimes, a possibilidade de o Estado apurar e aplicar sanção disciplinar deve ser limitada no tempo. Assim, praticado pelo apenado fato definido como infração disciplinar, a falta de iniciativa ou a demora excessiva, no âmbito administrativo ou judicial, acarreta a extinção da punibilidade pela prescrição. Operada a prescrição, o fato não poderá ser considerado em prejuízo do apenado, suprimindo-lhe direitos ou obstaculizando a concessão de benefícios.

Inexiste legislação específica sobre os prazos prescricionais para a aplicação das sanções disciplinares. No Rio Grande do Sul, o Regimento Disciplinar Penitenciário da Secretaria da Justiça e da Segurança prevê a extinção da punibilidade pela prescrição quando a instauração do PAD ou sua conclusão não ocorrer nos prazos que estabelece, sendo o de 01 (um) ano o máximo (art. 37). O marco inicial do prazo, segundo o RDP, é a data da ocorrência do fato (art. 37, § 1º) ou a do reingresso do apenado no sistema prisional, no caso de fuga (art. 37, § 2º). A instauração do procedimento administrativo interrompe o curso da prescrição, reiniciando-se a contagem do prazo por inteiro (art. 37, § 5º).

O Regimento Disciplinar Penitenciário, de duvidosa legalidade em muitos aspectos, tem o inegável mérito de reconhecer a necessidade de limitação do tempo para imposição de sanção disciplinar, tornando efetiva essa limitação. Tratando-se de ato administrativo, as regras que estabelece são dirigidas à autoridade administrativa e estão sujeitas ao controle jurisdicional, no que concerne a seus efeitos sobre a pessoa do preso e a execução das penas privativas de liberdade. A prescrição de que trata, portanto, é a administrativa. Uma vez interrompida pela instauração do procedimento, a prescrição pode ainda se operar, extinguindo-se a punibilidade, se o PAD não é concluído nos prazos que estabelece.

Uma vez instaurado e concluído em tempo hábil, os autos do PAD são remetidos ao juízo da execução para manifestação sobre a regularidade formal do procedimento, apreciação do fato imputado ao apenado e disposição sobre suas consequências jurídicas. A partir de então, a prescrição possível de se operar é a judicial (para a qual a lei também não estabelece prazo), com marco inicial na data da instauração do PAD. É razoável, desta forma, aplicar o prazo de previsto no art. 109, VI, do Código Penal, como já decidiu a 6ª Câmara Criminal do TJ/RS:

> AGRAVO DA EXECUÇÃO (ART. 197 DA LEP). Faltas graves. Procedimentos administrativos disciplinares. Prescrição administrativa inocorrente. Nulidade do PAD nº 674/04, por vulneração ao devido processo legal atinente à espécie (ampla de-

fesa). Independência e autonomia das searas administrativa e judicial. Prescrição judicial concretizada em relação à falta grave apurada no PAD nº 617/05. Regressão de regime não determinada no caso, forte no princípio da proporcionalidade. Medidas de ofício sobre matéria de ordem pública e em atenção aos princípios da efetividade da prestação jurisdicional, da instrumentalidade das formas e da economicidade dos atos processuais. Agravo parcialmente provido, com disposições de ofício. (Agravo 70015277866, Rel. Des. Aymoré Roque Pottes de Mello, julgado em 05/10/2006)

Em determinado trecho da fundamentação do voto, o Desembargador Aymoré Roque Pottes de Mello fala:

4.2. No segundo ponto controvertido nos lindes do PAD nº 674/04, quanto ao exame judicializado da falta grave imputada ao agravado, é evidente a extinção da sua "punibilidade", pois, entre a data da instauração deste PAD (09/06/2004) e a data deste julgamento (05/10/2006), transcorreram mais de 02 anos, que é o prazo prescricional definido pela doutrina e pela jurisprudência majoritárias para a apuração judicializada da falta grave. Neste sentido, colaciono o precedente do Superior Tribunal de Justiça apontado no parecer lançado às fls. 165/170 dos autos, *verbis*: EXECUÇÃO PENAL. FUGA DO RÉU. RECAPTURA. PRESCRIÇÃO DA SANÇÃO DISCIPLINAR DE REGRESSÃO DE REGIME E PERDA DOS DIAS REMIDOS. PRESCRIÇÃO BIENAL. CONTAGEM A PARTIR DA RECAPTURA. Em que pese a inexistência de legislação específica quanto ao prazo prescricional para a aplicação de sanção disciplinar, decorrente da fuga do réu (art. 50, II, da Lei 7210/84), esta Corte, examinando casos semelhantes, entendeu que a incidência deve ser aquela prevista no art. 109, VI, do CP (dois anos). Portanto, sendo o ato de fuga infração permanente, a prescrição bienal deve iniciar-se com a sua recaptura. Logo, recapturado o preso, inicia-se o lapso prescricional de dois anos para que seja aplicada a sanção disciplinar competente, sob pena de prescrição. *In casu*, o paciente empreendeu fuga em 01 de novembro de 1995, tendo sido recapturado em 03 de novembro de 1998. Entretanto, somente em 10 de agosto de 2001 é que o Juízo das Execuções aplicou a sanção disciplinar de regressão de regime e perda dos dias remidos. Logo, entre 03 de novembro de 1998 e 10 de agosto de 2001, ultrapassou-se o prazo de dois anos. Precedentes. Ordem concedida para afastar a regressão de regime e a perda dos dias remidos. (*Habeas Corpus* 27419/SP, 5ª Turma, Rel. Min. Jorge Scartezzini, julgado em 17/02/2004)

12. Autorizações de saída

A Seção III do Capítulo I do Título V da LEP regula as autorizações de saída, vale dizer, as hipóteses e as condições em que o preso pode se afastar do estabelecimento penal onde está recolhido, não sendo para o trabalho externo e o estudo. Há duas formas, expressamente, previstas: a permissão de saída e a saída temporária.

12.1. Permissão de saída

Art. 120. Os condenados que cumprem pena em regime fechado ou semi-aberto e os presos provisórios poderão obter permissão para sair do estabelecimento, mediante escolta, quando ocorrer um dos seguintes fatos:
I – falecimento ou doença grave do cônjuge, companheira, ascendente, descendente ou irmão;
II – necessidade de tratamento médico (parágrafo único do art. 14).
Parágrafo único: A permissão de saída será concedida pelo diretor do estabelecimento onde se encontra o preso.
Art. 121. A permanência do preso fora do estabelecimento terá a duração necessária à finalidade da saída.

Observa-se, inicialmente, que não é prevista a permissão de saída para o apenado do regime aberto, o que pode parecer insensato, porquanto o benefício é admissível nos regimes mais rigorosos. Ocorre, todavia, que o albergado não necessita de autorização para sair nas excepcionais hipóteses dos incisos do art. 120. Basta para tanto que comunique ao diretor do estabelecimento, e este ao juiz da execução, a ocorrência do fato, comprovando-o posteriormente. Afinal, o regime aberto baseia-se na autodisciplina e no senso de responsabilidade (art. 114, II, da LEP).

A segunda observação diz com a escolta. Para o preso do regime fechado não há dúvida de que é necessária. Já para o preso do regime semi-aberto não há o menor sentido na exigência, porque, desde o início, pode exercer o trabalho externo (v. comentário específico), frequentar "cursos supletivos profissionalizantes, de instrução de segundo grau ou superior" (art. 35, § 2º, do CP) e, se preencher os requisitos do art. 123 da LEP, já estará provavelmente gozando de saídas temporárias. É óbvio que a escolta tem a finalidade de evitar a fuga e, se a intenção do preso for fugir, não necessitará de permissão de saída. Recebendo a permissão, deverá o preso comprovar o fato que motivou o pedido, quando do retorno ao estabelecimento penal. Se não comprovar, será submetido a procedimento administrativo disciplinar; se não retornar no tempo previsto, será considerado foragido.

A competência para decidir sobre o pedido de permissão de saída é do diretor do estabelecimento. Caso se recuse a apreciá-lo (o que é comum) ou o indefira formalmente, no entanto, ao preso é facultado "recorrer" ao juiz da execução, que deverá decidir com a máxima celeridade. Na hipótese de o diretor deferir o pedido, deverá, de imediato, comunicar ao juiz, que mandará dar ciência ao Ministério Público (art. 67 da LEP).

Na prática, a possibilidade de permissão de saída não se esgota nas hipóteses dos incisos do art. 120. São de certo modo comuns as saídas, mediante segura escolta, para batismos religiosos e, mesmo, para participação em eventos culturais. Há presos do regime fechado que trabalham com artesanato ou pintura e saem para participar de exposições. De regra, nestes casos, o diretor do estabelecimento busca autorização judicial para a saída do preso, o que é mesmo necessário, na medida em que se trata de hipóteses não previstas expressamente. A permissão, tratando-se de atividades que concorrem para o retorno ao convívio social, é cabível, desde sejam tomadas cautelas contra a fuga e não se tornem corriqueiras.

12.2. Saída temporária

Art. 122. Os condenados que cumprem pena em regime semi-aberto poderão obter autorização para saída temporária do estabelecimento, sem vigilância direta, nos seguintes casos:
I – visita à família;
II – freqüência a curso supletivo profissionalizante, bem como de instrução do segundo grau ou superior, na Comarca do Juízo da Execução;
III – participação em atividades que concorram para o retorno ao convívio social.

O art. 122 da LEP e os seguintes não prevêem saída temporária para os regimes fechado e aberto. Com o primeiro, por suas regras, mostra-se incompatível o benefício. Para o segundo, a previsão é desnecessária, porque está implícita nas condições obrigatórias do art. 115 da LEP, com a diferença de que o albergado não necessita satisfazer o requisito do inciso II do art. 123 da LEP. Basta que tenha "comportamento adequado" (inciso I), porque a "compatibilidade do benefício com os objetivos da pena" (inciso III) é natural.

Em algumas comarcas do Estado do Rio Grande do Sul, entre elas a da Capital, os Juízes passaram a autorizar, por provimento administrativo, a saída dos condenados do regime aberto em todos os finais de semana, objetivando adequar a finalidade precípua da execução penal, de "harmônica integração social" (art. 1º da LEP), à realidade do sistema. Ocorre que os albergues ficam superlotados, o ambiente é de ócio, às vezes, de promiscuidade. Não é incomum o consumo de bebidas alcoólicas e de substâncias entorpecentes. Além disso, não raro, não há quem prepare as refeições dos albergados e é necessário abrir espaço para os condenados à pena restritiva de direitos de limitação de fim de semana.

Percebe-se pelos incisos do art. 122 da LEP que a autorização de saída temporária tem finalidades específicas, sendo a mais comum a de visita à família. Delas não pode se desviar o condenado, sob pena de ver revogado o benefício (art. 125, *caput*, da LEP).

A escolha das datas das saídas temporárias não pode ficar ao bel-prazer do apenado. A situação ideal é que os 35 dias por ano sejam distribuídos ao longo do período, recaindo especialmente, nas datas festivas, como dias das mães, dias dos pais, dia da criança, páscoa, natal, etc.

Obviamente, em situações excepcionais, é cabível distribuição de modo diverso, mediante pedido justificado.

Somente os dias de visita à família são descontados do prazo total de 35 dias por ano (art. 124, *caput*, da LEP). É evidente, porque as hipóteses dos incisos do art. 122 não se excluem e se o condenado estivesse frequentando algum curso não lhe restaria tempo de saída para visitar seus familiares. Teria, em outras palavras, que optar. Por isso, a frequência a curso é tratada como se fosse trabalho externo, benefício com o qual muito mais se assemelha.

Sobre a saída temporária para frequência a curso (inciso II do art. 122), remete-se à leitura do texto sobre "Assistência Educacional" (nº 4.4).

No inciso III do art. 122 ("participação em atividades que concorram para o retorno ao convívio social") o legislador abriu espaço para saídas temporárias por outros motivos, desde que atendam à finalidade precípua da pena, de propiciar harmônica integração social do apenado. Seria mesmo impossível exaurir no texto legal as hipóteses de saídas temporárias com finalidades tão ou mais importantes que a visita à família e a frequência a curso. Apenas para exemplificar, a frequência a grupo de Alcoólicos Anônimos ou de recuperação de dependentes de drogas ilícitas constitui atividade de vital importância para a integração do condenado.

O art. 123 LEP dispõe:

A autorização será concedida por ato motivado do juiz da execução, ouvidos o Ministério Público e a administração penitenciária, e dependerá da satisfação dos seguintes requisitos:
I – comportamento adequado;
II – cumprimento mínimo de um sexto da pena, se o condenado for primário, e de um quarto, se reincidente;
III – compatibilidade do benefício com os objetivos da pena.

A prévia oitiva da administração penitenciária é óbvia, na medida em que por ela é fornecido o atestado de conduta. Havendo parecer desfavorável à concessão do benefício, será indispensável ouvir também a defesa antes da decisão.

No cômputo do tempo de cumprimento da pena será sempre observada a detração (art. 42 do CP). Deste modo, se for estabelecido o regime semiaberto para o início do cumprimento da pena, é possível que o condenado, ao ser recolhido ou transferido para estabelecimento compatível, em face do tempo de prisão provisória, já satisfaça o requisito objetivo para as saídas temporárias. Neste caso, deverá permanecer sem o benefício apenas pelo tempo necessário para que o administrador ateste a conduta adequada.

O preso do regime fechado, ao alcançar progressão, necessariamente, terá cumprido 1/6 da pena e ostentará bom comportamento (art. 112 da LEP). Os requisitos para a saída temporária estarão, assim, preenchidos. Se o condenado oriundo do regime fechado for reincidente, será necessário que cumpra no regime semi-aberto o tempo que falta para completar 1/4 da pena. Em outras palavras, o tempo cumprido da pena não é desprezado, não sendo necessário reiniciar a contagem do prazo a partir da progressão.

O condenado que sofrer regressão do regime aberto, se já tiver cumprido 1/6 da pena, sendo primário, ou 1/4, sendo reincidente, para obter o benefício das saídas temporárias, deverá aguardar no regime semiaberto pelo tempo necessário para revelar conduta adequada.

O prazo da autorização de saída é de no máximo 35 dias por ano, não podendo cada saída ultrapassar 7 dias (art. 124, *caput*, da LEP). O ideal é dividir o prazo de modo a permitir pelo menos uma saída por mês. Usufruir todo o tempo logo de início sempre acaba gerando problemas.

12.2.1. Saída temporária automatizada

Não é necessário que o juiz, a cada saída temporária, tenha que mandar processar pedido específico, para depois decidir.

Os pedidos de saídas temporárias praticamente inviabilizam o serviço das Varas de Execuções Criminais das grandes comarcas. A cada data festiva, como Dia das Mães, Dia dos Pais, Natal, Ano Novo, Dia da Criança, milhares de processos são deslocados da tramitação normal, preparatória para o enfrentamento de outros pleitos, de regra, mais importantes; vão com vista ao Ministério Público, que oferece parecer; se o parecer for contrário ao deferimento, abre-se vista à defesa, que se manifesta; talvez alguma diligência seja necessária; depois de tudo, vão conclusos para decisão (quase sempre definitiva, pois não há tempo para recurso), e voltam a cartório para extração e encaminhamento de ofício de comunicação, assinado pelo juiz. Toda estrutura fica voltada para as saídas temporárias, com promotores de justiça, defensores públicos, funcionários e juízes trabalhando até altas horas. O mais grave é que, muitas vezes, o tempo não é suficiente para apreciação de todos os pedidos. Muitos requerimentos sequer são juntados, o que acaba por prejudicar a saída do apenado, gerando inevitável frustração e muitas fugas. Só então o processo retoma seu curso, mas já com atraso na apreciação de pedidos como de progressão de regime, livramento condicional, indulto e comutação. Simplesmente, não há lógica em tal procedimento.

Diante do problema, a Vara de Execuções Criminais da Comarca de Porto Alegre adotou o sistema de saídas temporárias programadas, que veio a racionalizar os serviços, sem prejuízos aos apenados e sem violação do devido processo legal.

Eis a íntegra da Ordem de Serviço 01/1995:

> O Juiz de Direito da Vara de Execuções Criminais da Comarca de Porto Alegre, Titular do 2º Juizado e Substituto do 1º, no uso de suas atribuições legais e considerando a necessidade de regular, detalhadamente, as SAÍDAS TEMPORÁRIAS – (arts. 122 a 125, da LEP) e a conveniência de racionalizar os serviços,
> DETERMINA:
> 1. TEMPO MÁXIMO POR ANO. PARECER DA CASA PRISIONAL.
> O pedido de saídas temporárias será sempre individual, abrangerá o tempo máximo de 35 dias por ano (art. 125, *caput*, da LEP) e será instruído por parecer fundamentado da direção do estabelecimento prisional, tendo por base o comportamento do apenado e vedada a manifestação de neutralidade.
> 2. RENOVAÇÃO AUTOMÁTICA. DESNECESSIDADE DE NOVO REQUERIMENTO.
> O período de um ano será computado a partir da data da autorização de saídas temporárias, renovando-se, automaticamente, por mais 35 dias para o ano seguinte, se não houver alterações.
> 3. ADMINISTRAÇÃO DAS SAÍDAS. COMUNICAÇÃO PRÉVIA À VEC.
> O diretor da casa prisional administrará as saídas temporárias, uma vez autorizadas, observando as necessidades do apenado, o tempo máximo de 35 dias por ano e o prazo nunca superior a 07 dias por vez, devendo, obrigatoriamente, comunicar a Vara de Execuções Criminais, com 15 dias de antecedência, sobre a data, o período e o local onde estará o apenado em gozo do benefício, para fiscalização pelo Comissariado de Vigilância.
> 4. REQUERIMENTO. PRAZO.
> O pedido de saídas temporárias deverá ser entregue na Vara de Execuções Criminais pelo menos 30 dias antes da data prevista para o primeiro período, salvo impossibilidade justificada.
> 5. REMOÇÃO DO APENADO. ANOTAÇÃO DO BENEFÍCIO E DA REVOGAÇÃO NO PRONTUÁRIO.
> O direito às saídas temporárias persiste enquanto não revogado, mesmo na hipótese de remoção do condenado para outro estabelecimento, de mesmo regime, sob jurisdição da Vara de Execuções Criminais desta Comarca, devendo constar no prontuário a data de deferimento do benefício, as datas e os períodos de gozo, bem como anotações sobre eventual revogação.
> 6. ALTERAÇÕES. COMUNICAÇÃO À VEC. REVOGAÇÃO – ESTABELECIMENTO.
> Qualquer alteração verificada deverá ser objeto de instauração de procedimento disciplinar e será imediatamente comunicada à Vara de Execuções Criminais para suspensão ou revogação do benefício, que só poderá ser recuperado se satisfeitos os requisitos do art. 125, parágrafo único, da LEP.

7. REGIME INICIAL SEMI-ABERTO. PRAZO PARA BENEFÍCIO.
O condenado que iniciou a execução da pena no regime semi-aberto poderá ser beneficiado após o cumprimento de 1/6 da pena, se primário, e ¼, se reincidente (art. 123, inciso II, da LEP), computado o tempo em que esteve preso provisoriamente. O requisito do lapso temporal deverá estar satisfeito na data prevista para a primeira saída, nada impedindo a formulação do pedido com a antecedência prevista no item 4.

8. REGIME INICIAL FECHADO. PERÍODO DE OBSERVAÇÃO. TEMPO MÁXIMO.
O condenado que começou a cumprir a pena no regime fechado está dispensado de satisfazer o requisito temporal no regime semi-aberto, mas deverá passar por período de observação que permita o oferecimento de parecer pela direção da casa prisional. O período de observação não poderá exceder a três meses, ou a 1/6 do saldo da pena, prevalecendo o prazo menor.

9. REGIME ABERTO. DISPENSA DO PRAZO E DO PERÍODO DE OBSERVAÇÃO.
O condenado em regime aberto está dispensado de satisfazer o requisito temporal (item 7) e de passar por período de observação.

10. DATAS TRADICIONAIS ABRANGIDAS PELA PRESENTE O.S.
As saídas temporárias das datas tradicionais (Primeiro do Ano, Páscoa, Corpus Christi, Dia das Mães, Dia dos Pais, Independência, Dia da Criança e Natal) estão compreendidas na presente Ordem de Serviço, sendo vedados pedidos específicos.

11. CARNAVAL.
Salvo situação excepcional, devidamente justificada, não será permitido o gozo de saída temporária nos dias de Carnaval.(...)

12.2.2. Saída para procura de trabalho

A saída do apenado do estabelecimento penal deve estar fundamentada nas hipóteses expressamente previstas na LEP ou decorrer de circunstância outra, relacionada com a finalidade da execução.

A 6ª Câmara Criminal do TJ/RS julgou interessante caso, em que permitiu a saída de apenada para procurar trabalho, curso ou atividade autorizada:

EXECUÇÃO PENAL. REGIME ABERTO. liberação da apenada no período de 7h a 19h, independemente do exercício de atividade laboral, sem razão justificável. impossibilidade. trabalho: condição do regime aberto, que só pode ser excepcionada diante de fundamentação adequada. situação de desemprego geral. razoabilidade. necessidade de condicionamento da liberação à procura de trabalho, curso ou atividade autorizada (art. 36, § 1º, do CP), mediante relatório quinzenal á administração da casa prisional, que poderá auxiliar a apenada, viabilizada a fiscalização pelo juízo ou pelo ministério público. Agravo parcialmente provido. (Agravo em execução 70017350620, Rel. MABS, julgado em 30/11/2006)

Fundamentação do acórdão:

Se a apenada não tem a possibilidade de trabalhar imediatamente, não pode ser penalizada com o indeferimento da liberação, pois, se não sair do estabelecimento, durante o dia, como vai conseguir emprego? Vivemos no país dos desempregados e a situação de fato vigente impõe que se excepcione a regra legal, pois, se aqueles que nunca sofreram condenação encontram-se na mesma situação, seria um contra-senso exigir que a apenada permaneça olhando para as paredes do estabelecimento penal durante o dia, criando mais uma espécie de preconceito.

Por outro lado, nenhuma razão foi apontada para justificar a liberação da apenada, independentemente do exercício de atividade laboral. Não se sabe se a apenada não consegue emprego ou se não pretende trabalhar, freqüentar curso ou exercer outra atividade autorizada (art. 36, § 1º, do CP).

Ademais, não passa desapercebido que o Ministério Público pretende corrigir uma ilegalidade, encobrindo outra: o fato de a apenada estar recolhida a Presídio, quando deveria estar em Casa do Albergado que atenda aos requisitos dos arts. 93-95 da LEP. Ainda, é verdade que as mesmas Autoridades não se preocupam em cumprir a lei que prevê, para o efetivo cumprimento da pena restritiva de direito de limitação de fim de semana, cursos e palestras, em casa de albergado ou outro estabelecimento adequado (art. 48 do CP).

Diante desse quadro, por razoabilidade, é mantida a liberação, todavia, condicionada.

Determino que a apenada, no período de 7h a 19h, procure, busque, tente encontrar alguma das opções oferecidas pelo art. 36, § 1º, do CP, devendo comprovar, por relatório quinzenal à Administração, as atividades desenvolvidas no período, viabilizada a fiscalização pelo Juízo, por Oficial de Justiça, ou pelo próprio Ministério Público, por Secretário de Diligências. Inclusive, o Juízo da Execução deve determinar à Administração da Casa Prisional que a auxilie nessa tarefa, buscando informações sobre cursos gratuitos, por exemplo, do "Sistema S" (Sesi, Senai e Sebrae), viabilizando o acesso dos apenados do regime aberto a cursos profissionalizantes.

12.2.3. Revogação do benefício

O art. 125 da LEP estabelece que o benefício será "automaticamente revogado quando o condenado praticar fato definido como crime doloso, for punido por falta grave, desatender as condições impostas na autorização ou revelar baixo grau de aproveitamento do curso". A primeira hipótese viola, flagrantemente, o princípio da presunção de inocência, como destaquei na análise do art. 118, I, da

LEP, que trata da regressão de regime. Sempre é bom lembrar que a Lei de Execuções Penais é de 1984.

Quando o art. 125 fala em revogação automática, leia-se suspensão automática, porquanto a revogação está condicionada à apuração da falta grave em procedimento administrativo disciplinar e à decisão judicial, tomada após a intervenção do Ministério Público e o exercício do direito de defesa, com a oitiva do condenado e a manifestação da defesa técnica.

A circunstância de o apenado "revelar baixo grau de aproveitamento do curso", obviamente, não consistirá motivo para revogação se a causa estiver relacionada com a capacidade intelectual.

A revogação do benefício pela prática de falta grave, regularmente apurada, atingirá o direito de saída em todas as hipóteses do art. 122 da LEP. A recuperação do direito dependerá do cancelamento da punição ou, depois de cumprida a sanção, "da demonstração do merecimento do condenado" (art. 125, parágrafo único, da LEP).

O condicionamento da recuperação do benefício à absolvição no processo penal (1ª hipótese do parágrafo único do art. 125), em face do princípio da presunção de inocência, pressupõe a prisão cautelar, revogada pelo veredicto absolutório.

13. Progressão de regime

13.1. Requisitos

Os artigos 112 da LEP e 33, § 2º, do Código Penal determinam a execução da pena privativa de liberdade em forma progressiva, com a transferência do preso para o regime menos rigoroso, depois de ter cumprido ao menos 1/6 da pena.

A Lei 10.792, de 1º/12/2003, alterou a redação do art. 112 da LEP, que passou a dispor:

> A pena privativa de liberdade será executada em forma progressiva com a transferência para regime menos rigoroso, a ser determinada pelo juiz, quando o preso tiver cumprido ao menos um sexto da pena no regime anterior e ostentar bom comportamento carcerário, comprovado pelo diretor do estabelecimento, respeitadas as normas que vedam a progressão.
> § 1º A decisão será sempre motivada e precedida de manifestação do Ministério Público e do defensor.
> § 2º Idêntico procedimento será adotado na concessão de livramento condicional, indulto e comutação de penas, respeitados os prazos previstos nas normas vigentes.

Antes da vigência da Lei 10.792, de 1º/12/2003, era necessário, além do preenchimento do requisito objetivo, que o apenado se submetesse, para aferição do mérito para a progressão, a exame criminológico e a parecer da Comissão Técnica de Classificação (art. 112, parágrafo único, da LEP). O mérito, assim, era avaliado em função da personalidade, do prognóstico e da conduta carcerária do preso. As situações de dispensa de avaliação técnica eram tidas pela maior parte dos juízes como excepcionais. Envolviam circunstâncias como a gravidade do crime e o tempo que faltava para o cumprimento integral da pena. Como os laudos, de regra, eram desfavoráveis, mesmo que o preso tivesse conduta plenamente satisfatória, o benefício só excepcionalmente era concedido. Isso contribuiu para a superlotação e o caos do sistema penitenciário, modo especial nos estabelecimentos de regime fechado.

A partir da vigência da nova lei, passaram a ser idênticos os requisitos para progressão e livramento condicional, exceto os objetivos, que dizem com os prazos específicos expressamente ressalvados.

O legislador, afinal, percebeu o problema e acabou com exigência de laudos. Afinal, como exigir, nas condições de promiscuidade, ócio e superlotação dos presídios brasileiros, em flagrante e perene violação dos Direitos Humanos, da Constituição Federal, da LEP e das Regras Mínimas da ONU, que a pessoa presa revele condições pessoais que façam presumir ausência de risco de reincidência? Como avaliar as condições pessoais do apenado em entrevistas, de regra, rápidas e superficiais, e que se estruturavam por sobre o nevoeiro dos conceitos e dos preconceitos sobreviventes à ausência absoluta de qualquer procedimento necessário à individualização das penas? Era de fato impossível. Mas, por muitos anos, aceitou-se essa farsa institucional que alimentava uma conduta burocrática, quase cartorial, de uma fábrica de laudos muitas vezes padronizados. Laudos que, assinale-se, não se circunscreviam à descrição das características pessoais e psicológicas do apenado, mas que recomendavam ou deixavam de recomendar a concessão dos benefícios legais. Por conta dessa praxe, os próprios Juízes das Execuções foram, muitas vezes, cúmplices de um processo pelo qual abstinham-se, concretamente, de selecionar alternativas com base na sua própria avaliação. Encontrou-se, assim, o ciclo institucional vicioso capaz de acomodar consciências e transferir responsabilidades. Benefícios foram negados porque essa era a "posição dos técnicos", ou, pelo contrário, eram concedidos "porque assim indicavam os laudos". A primeira alienação resultante foi, então, a de atribuir aos laudos a qualidade que, se pressupunha, apenas a atividade jurisdicional poderia comportar. A segunda, foi a de identificar, imaginariamente, a condição técnica com a ideia de "verdade", quando estivemos, na melhor das hipóteses, diante de abordagens que poderiam, sempre, ser contrastadas por outros posicionamentos desde que consultados outros especialistas.

O Superior Tribunal de Justiça decidiu a respeito:

CRIMINAL. *HC*. EXECUÇÃO PENAL. PROGRESSÃO DE REGIME PRISIONAL. ART. 112 DA LEP. REDAÇÃO CONFERIDA PELA LEI N.º 10.792/03. EXAME CRI-

MINOLÓGICO. DESNECESSIDADE. ATENDIMENTO AOS REQUISITOS OBJETIVOS E SUBJETIVOS EVIDENCIADO. ORDEM CONCEDIDA. I. Hipótese na qual a Corte Estadual cassou a decisão proferida pelo Juízo monocrático, que concedeu ao paciente a progressão para o regime semi-aberto, sob o fundamento de ser necessária a análise de pareceres técnicos para a concessão da benesse. II. A nova redação do art. 112 da LEP conferida pela Lei nº 10.792/03 deixou de exigir a realização dos exames periciais, anteriormente imprescindíveis, mantendo tão-somente a necessidade de atendimento aos requisitos objetivos (tempo de cumprimento de pena) e subjetivos (bom comportamento carcerário), estes últimos comprovados pelo diretor do estabelecimento prisional. III. Não obstante o posicionamento anterior do Relator no sentido de não haver qualquer ilegalidade nas decisões que requisitaram a produção dos laudos técnicos para a comprovação dos requisitos subjetivos necessários à concessão da progressão de regime prisional ao apenado, sempre que o Juiz julgar necessário, o entendimento é modificado para acompanhar a jurisprudência que se consolida nesta Corte. IV. Revela-se descabida a exigência de exame criminológico por parte do Juízo das Execuções, devendo ser apreciado o pedido de progressão de regime com base apenas nos requisitos objetivos e subjetivos, na forma prevista no art. 112 da Lei de Execuções Penais. V. Evidenciado nos autos o atendimento do paciente aos requisitos necessários à progressão de regime ora pleiteada, deve ser cassado o acórdão impugnado e restabelecida a decisão monocrática que concedeu ao paciente a progressão ao regime prisional semi-aberto. VI. Ordem concedida, nos termos do voto do Relator. (*HC* 55.938/RS, 5ª Turma, Rel. Min. Gilson Dipp, julgado em 15/8/2006)

PROCESSUAL PENAL. *HABEAS CORPUS*. EXECUÇÃO PENAL. PROGRESSÃO DO REGIME SEMI-ABERTO PARA O ABERTO. LIVRAMENTO CONDICIONAL. EXIGÊNCIA DE PARECER DA COMISSÃO TÉCNICA DE CLASSIFICAÇÃO PELO JUÍZO DA EXECUÇÃO. CONSTRANGIMENTO ILEGAL CARACTERIZADO EM VIRTUDE DA ALTERAÇÃO PROMOVIDA PELA LEI 10.792/2003. INDULTO. DECRETO 4.904/2003. COMETIMENTO DE FALTA GRAVE. ORDEM PARCIALMENTE CONCEDIDA. 1. A progressão de regime de cumprimento de pena passou a ser direito do condenado, bastando que se satisfaçam dois requisitos: o primeiro, de caráter objetivo, que depende do cumprimento de pelo menos 1/6 (um sexto) da pena; o segundo, de caráter subjetivo, relativo ao bom comportamento carcerário, que deve ser atestado pelo diretor do estabelecimento prisional. 2. Embora temerário substituir a exigência de parecer e laudos da Comissão Técnica de Classificação e a submissão do presidiário a exame criminológico – como condição a eventual direito de progressão de regime – por um simples atestado de boa conduta firmado por diretor de estabelecimento prisional, essa foi a intenção do legislador ao aprovar a Lei 10.792/2003, que deve ser observada pelo Juízo das Execuções Penais, sob pena de violação ao disposto no aludido art. 112 da LEP, em sua nova redação. 3. Na hipótese, é inconteste que o sentenciado cumpriu mais de um sexto da pena, restando, assim, satisfeito o primeiro requisito necessário à progressão pretendida. Quanto ao segundo requisito, o impetrante trouxe atestado de bom comportamento carcerário por parte do paciente, atendendo ao disposto no art. 112 da LEP, com a redação dada pela Lei 10.792/2003. 4. A elaboração de laudos pela Comissão

Técnica de Classificação e parecer do Conselho Penitenciário deixou de ser indispensável pela citada legislação (Lei 10.792/2003), para efeito de concessão do benefício relativo ao livramento condicional, quando introduziu o § 2º no art. 112 da LEP. (...) 6. Ordem parcialmente concedida, tão-somente para determinar ao Juízo da 2ª Vara Judicial e Execuções Criminais da Comarca de Itanhaém/SP que afaste a exigência de parecer da Comissão Técnica de Classificação e demais laudos solicitados para apreciação do pedido de progressão de regime e de livramento condicional. (*HC* 42.446/SP, 5ª Turma, Rel. Min. Arnaldo Esteves Lima, julgado em 20/10/2005)

No Rio Grande do Sul, a Superintendência dos Serviços Penitenciários, por portaria (nº 14/2004), estabelecendo distinção entre conduta e comportamento, tentou ressuscitar o requisito eliminado pela nova lei. A 5ª Câmara Criminal do TJ/RS, de imediato, pronunciou-se a respeito:

> AGRAVO EM EXECUÇÃO PENAL. PROGRESSÃO DE REGIME. NOVA REDAÇÃO DO ARTIGO 112, DA LEP. REQUISITOS AO BENEFÍCIO. PORTARIA N.º 14, 21/01/2004, DA SECRETARIA DA JUSTIÇA E DA SEGURANÇA DO RS: ILEGALIDADE DO INCISO II E SEUS §§ 1º E 2º, DO ARTIGO 15. – O artigo 112, da LEP, alterado pela Lei n.º 10.792 (01/12/2003), exige, à progressão, apenas o cumprimento de lapso temporal e bom comportamento carcerário (desde que o sistema não a vede: crimes hediondos). – Não se pode impor outras condições, pena de imputação penal agredir princípio maior: prejudicar cidadão sem base em lei. – Ao órgão do MP e à defesa competem destruir a presunção vinda da declaração de comportamento expedida pela autoridade carcerária. – Critério para aferição do bom comportamento: inexistência de falta disciplinar – apurada via PAD – nos prazos do artigo 14, do Regimento Disciplinar Penitenciário do Estado do Rio Grande do Sul. – O inciso II e seus §§ 1º e 2º, do artigo 15, do RDP do RS, agridem o princípio da legalidade por impor requisitos – ao benefício – que a Lei Federal (artigo 112, da LEP) não exige – aliás, objetivo da sua nova redação. – Agravo provido. (Agravo 70007705221, Rel. Des. Amilton Bueno de Carvalho, acórdão de 11/02/04).

Portanto, para a progressão de regime, basta que o apenado tenha cumprido ao menos 1/6 da pena no regime anterior e ostente boa conduta carcerária, comprovada mediante atestado fornecido pelo diretor do estabelecimento onde se encontra. É necessário destacar, todavia, que a concessão do benefício não é automática. Com efeito, o juiz não está adstrito ao parecer do diretor do estabelecimento carcerário, parecer este que não pode estar divorciado da realidade, atribuindo boa conduta a quem não a ostente, ou comportamento inadequado ao preso que não registre faltas disciplinares.

13.2. Cumprimento de ao menos 1/6 da pena no regime anterior

O requisito de cumprimento "de ao menos 1/6 da pena no regime anterior", contido no *caput* do art. 112 da LEP, merece interpretação que não conduza a situações insustentáveis, na medida em que vigora o princípio da razoabilidade.

É certo que, alcançando a progressão para o regime semiaberto, o apenado terá que cumprir parte do restante da pena no novo regime para obter acesso ao regime aberto. Esse tempo, no entanto, não será necessariamente de 1/6 do saldo da pena, se o apenado já tiver implementado o requisito objetivo para o benefício maior do livramento condicional: mais de 1/3 da pena (1/6 + 1/6 = 1/3), se não for reincidente; mais de ½, se reincidente; e mais de 2/3, no caso de condenação por crime hediondo ou equiparado (art. 83, I, II e V, do CP). Assim, se o apenado primário teve deferido seu pedido de progressão do regime fechado para o semiaberto depois de cumprir, digamos, ½ da pena, não há sentido em dele exigir o cumprimento de mais 1/6 do saldo para alcançar o regime aberto, se, objetivamente, já satisfaz o requisito para sair em liberdade, mesmo que condicionada.

Em tais casos, não há obstáculo de caráter objetivo, bastando que o apenado permaneça no regime intermediário por tempo suficiente para revelar adequação, que permita ao diretor do estabelecimento fornecer atestado sobre a conduta carcerária.

13.3. Progressão após regressão de regime

O cumprimento de ao menos 1/6 da pena no regime anterior não é exigível para a progressão de regime posterior à regressão. Na análise do tema específico, fala-se da impropriedade de se falar em regressão de regime nas hipóteses do art. 118, incisos I (parte inicial), e II, da LEP. Os mencionados incisos tratam, na realidade, de estabelecimento do regime de cumprimento da pena, em face da superveniência de condenação, por crime anterior ou por crime cometido no curso do cumprimento da pena.

No caso do inciso II (condenação por crime anterior), haverá "regressão" (v.g. estabelecimento de regime mais severo) se a soma ou unificação das penas resultar em privativa de liberdade incompatível com o regime que vigorava (art. 111, *caput*, da LEP e art. 33, § 2º, do CP). Mesmo assim, se o condenado já tiver cumprido o lapso necessário para a progressão, será possível a manutenção do regime. Caso contrário, deverá permanecer no regime definido pela soma ou unificação apenas pelo tempo necessário à satisfação do requisito objetivo, de cumprimento de ao menos 1/6 da pena, sem desprezar o período cumprido, ainda que em regime menos grave. A primeira hipótese do inciso I do art. 118 da LEP (prática de nova infração penal) viola o princípio da presunção de inocência. Eventual regressão pode ser aplicada em função de falta de natureza grave relacionada com o suposto novo crime, não em face de mera notícia de que o apenado voltou a delinquir. E sobrevindo condenação por fato posterior ao início do cumprimento da pena, a medida que se impõe é o estabelecimento do regime, em decorrência da soma do saldo da pena anterior com a correspondente à nova condenação (art. 111, parágrafo único, da LEP), desprezando-se o tempo já cumprido da pena. Utiliza-se como data-base para o cálculo dos lapsos temporais a da prática do último crime, se não houve solução de continuidade na prisão (crime cometido no cárcere), ou a da recaptura, imediatamente posterior ao último crime (cometido durante período de fuga ou durante livramento condicional), de modo que, para obter progressão, o apenado terá que cumprir ao menos 1/6 do resultado da operação.

Resta, assim, a regressão de regime decorrente da prática de falta grave, que não altera a data-base para o cálculo dos lapsos temporais, nem mesmo para nova progressão, por ausência de previsão legal. O fator capaz de impedir a concessão do benefício é a conduta inadequada superveniente, ou a decorrente da própria falta grave que provocou a regressão.

Fosse diferente a interpretação poderia gerar situações insustentáveis, como a do o apenado que, tendo sofrido regressão de regime depois do cumprimento de mais de ½ da pena, satisfaz o requisito objetivo para o benefício maior do livramento condicional, mas não preenche o de cumprimento de ao menos 1/6 do saldo da pena para obter a progressão. Em outras palavras, na hipótese levantada, o condenado teria somado tempo suficiente para sair em liberdade, mas não o teria para continuar preso em outro regime.

Outra situação hipotética insustentável, de violação aos princípios da razoabilidade e da proporcionalidade: agente condenado à pena 60 anos de reclusão, depois de 10 anos no regime fechado alcança progressão; passa 2 anos no regime semiaberto, exercendo o trabalho externo e usufruindo de saídas temporárias, sem qualquer problema, até que se ausenta do estabelecimento penal e é considerado foragido; reapresenta-se espontaneamente, digamos, 2 dias depois de se ausentar e não consegue justificar sua atitude; caracterizada a falta grave, sofre regressão para o regime fechado. Para obter nova progressão para o regime semiaberto, a vigorar o entendimento de que seria necessário cumprir ao menos 1/6 do saldo da pena, que é de 48 anos, seria necessário que permanecesse no regime mais grave por 8 anos, ou seja, por tempo correspondente ao dobro da pena mínima cominada ao roubo simples (art. 157, *caput*, do CP), quando não praticou qualquer crime, apenas cometeu uma falta disciplinar.

13.4. Crimes hediondos e equiparados

As divergências doutrinárias e jurisprudenciais a respeito da constitucionalidade da vedação à progressão imposta no art. 2º, § 1º, da Lei 8.072/1990, deveriam ter sido superadas desde a vigência da Lei 9.455, de 07 de abril de 1.997. Com efeito, a mencionada Lei dispõe, em seu art. 1º, § 7º, que o condenado por crime de tortura, equiparado aos hediondos, *iniciará* o cumprimento da pena em regime fechado. Com isso, logicamente, passou a admitir progressão de regime, em face dos princípios da isonomia, da equidade e da retroatividade da lei penal mais benéfica (art. 5º, XL, da Constituição Federal), na execução das penas impostas pela prática de qualquer crime hediondo ou equiparado, revogando, no particular, o art. 2º, § 1º, da Lei 8.072/1990.

Seja como for, o Supremo Tribunal Federal, no julgamento do HC 82.959, em 23/02/06, considerou inconstitucional a previsão contida no art. 2º, § 1º, da Lei 8.072/90, de estabelecimento do regime integralmente fechado para a execução das penas impostas pela prática de crimes hediondos ou equiparados.

Ainda que, em princípio, essa decisão tivesse eficácia restrita ao caso concreto até a edição de resolução pelo Senado Federal, o próprio Supremo Tribunal Federal atribuiu-lhe eficácia *erga omnes*:

PENA – REGIME DE CUMPRIMENTO – PROGRESSÃO – RAZÃO DE SER. A progressão no regime de cumprimento da pena, nas espécies fechado, semi-aberto e aberto, tem como razão maior a ressocialização do preso que, mais dia ou menos dia, voltará ao convívio social. PENA – CRIMES HEDIONDOS – REGIME DE CUM-

PRIMENTO – PROGRESSÃO – ÓBICE – ARTIGO 2º, § 1º, DA LEI Nº 8.072/90 – INCONSTITUCIONALIDADE – EVOLUÇÃO JURISPRUDENCIAL. Conflita com a garantia da individualização da pena – artigo 5º, inciso XLVI, da Constituição Federal – a imposição, mediante norma, do cumprimento da pena em regime integralmente fechado. Nova inteligência do princípio da individualização da pena, em evolução jurisprudencial, assentada a inconstitucionalidade do artigo 2º, § 1º, da Lei nº 8.072/90. (*Habeas corpus* 90049/RS, 1ª Turma, Rel. Min. Marco Aurélio, julgado em 05/12/2006)

(...) 4. Crime hediondo: regime de cumprimento de pena: progressão. Ao julgar o HC 82.959, Pl., 23.2.06, Marco Aurélio, Inf. 418, o plenário do Supremo Tribunal declarou, incidentemente, a inconstitucionalidade do § 1º do art. 2º da L. 8.072/90 – que determina o regime integralmente fechado para o cumprimento de pena imposta ao condenado pela prática de crime hediondo – por violação da garantia constitucional da individualização da pena (CF., art. 5º, LXVI). 5. Deferimento de *habeas corpus* de ofício, para afastar o óbice do regime fechado imposto pela norma cuja inconstitucionalidade se declarou, cabendo ao Juízo das Execuções, como entender de direito, analisar a eventual presença dos demais requisitos da progressão. (Agravo de instrumento 527990/RS, 1ª Turma, Rel. Min. Sepúlveda Pertence, julgado em 11/4/2006)

13.5. Lei 11.464, de 29/3/2007

Depois da decisão do Supremo Tribunal Federal, o art. 2º da Lei 8.072, de 25/7/90, norma (inconstitucional) que vedava a progressão, foi alterado pela Lei 11.464, de 29/3/07, passando a ter, no que aqui importa, a seguinte redação:

Art. 2º (...)
§ 1º A pena por crime previsto neste artigo será cumprida inicialmente em regime fechado.
§ 2º A progressão de regime, no caso dos condenados aos crimes previstos neste artigo, dar-se-á após o cumprimento de 2/5 (dois quintos) da pena, se o apenado for primário, e de 3/5 (três quintos), se reincidente.
(...).

Vigorando o princípio da legalidade, também, na execução penal (arts. 5º, XL, da CF e 66, I, da LEP), a Lei 11.464, de 29/3/07, não tem eficácia retroativa, porque agrava a situação dos apenados frente à regra geral do art. 112 da LEP e porque a redação anterior do § 1º do art. 2º da Lei 8.072, de 25/7/90, que impunha o cumprimento da pena em regime integralmente fechado, foi considerada inconstitucional pelo STF. Portanto, o novo requisito objetivo para a progressão de regime, no caso de crimes hediondos ou equiparados, é aplicável apenas para os condenados por crimes cometidos a partir de 29/3/07, data em que foi publicada e entrou em vigor a Lei 11.464. Para os crimes anteriores à vigência da Lei, o requisito objetivo para a troca de regime é o de cumprimento de ao menos 1/6 da pena no regime anterior.

A jurisprudência das Câmaras integrantes do 3º Grupo Criminal do TJ/RS é pacífica nesse sentido:

> AGRAVO EM EXECUÇÃO PENAL. PROGRESSÃO DE REGIME. CRIME HEDIONDO. POSSIBILIDADE. REQUISITO TEMPORAL. LEI Nº 11.464/2007. GARANTIA DA IRRETROATIVIDADE DA LEI PENAL MAIS GRAVOSA. – As normas que disciplinam a progressão carcerária possuem um nítido caráter de direito material ao estarem intimamente ligadas à liberdade do cidadão-condenado. – A Lei nº 11.464/2007, ao impor requisitos mais gravosos à progressão de regime – 2/5, se primário, e 3/5, se reincidente –, não pode retroagir – encontra óbice na legalidade –, somente tendo aplicabilidade a fatos praticados após sua vigência. – Em se tratando de crimes hediondos, a discussão quanto a possibilidade ou não da progressão de regime restou suplantada com a recente alteração promovida pela Lei n.º 11.464/2007. À unanimidade, negaram provimento ao recurso ministerial. (Agravo em execução 70019189042, 5ª Câmara Criminal, Rel. Des. Amilton Bueno de Carvalho, julgado em 16/5/2007)

> AGRAVO EM EXECUÇÃO. PROGRESSÃO DE REGIME. NÃO APLICAÇÃO DA Lei n. 11.464/2007 A APENADOS COM DIREITO ADQUIRIDO ANTES DE SUA VIGÊNCIA. lapso temporal de 1/6 de cumprimento da pena cumprido. Mérito subjetivo implementado. Agravo desprovido. (Agravo 70021023106, 6ª Câmara Criminal, Rel. Des. João Batista Marques Tovo, julgado em 11/10/2007)

> AGRAVO DA EXECUÇÃO (ART. 197 DA LEP). PROGRESSÃO DE REGIME EM CRIME HEDIONDO. REQUISITO OBJETIVO CUMPRIDO. ÓBICE AFASTADO. 1. naplicabilidade dos prazos definidos na Lei nº 11.464/07 de 28/03/2007, para fins de progressão de regime, ante a irretroatividade da lei penal mais gravosa. 2. equisito objetivo preenchido. Determinação da devida procedimentalização do feito no Juízo *a quo*, para análise do requisito subjetivo, sob pena de supressão de um grau de jurisdição. RECURSO PARCIALMENTE PROVIDO. (Agravo em execução 70021293477, 6ª Câmara Criminal, Rel. Des. Aymoré Roque Pottes de Mello, julgado em 11/10/2007)

A reincidência, em razão da qual passou a ser exigível o cumprimento de ao menos 3/5 da pena para a progressão, é a genérica (art. 63 do CP), não a específica em crime hediondo ou equiparado. A nova redação do § 2º do art. 2º da Lei 8.072/90, simplesmente não menciona deve ser específica a reincidência, diversamente do que dispõe o Código Penal a respeito do livramento condicional (inciso V do art. 83).

Se o apenado pela prática de crime hediondo ou equiparado, cometido a partir da vigência da Lei 11.464, de 29/3/07, for também condenado por infração penal comum, para alcançar a progressão de regime, deverá antes cumprir mais de 2/5, se primário, e de 3/5, se reincidente, da pena mais grave. A gravidade aqui não é medida pela quantidade ou pela espécie das penas, mas pela natureza do delito. Não é necessário que cumpra, para o mesmo benefício, mais 1/6 da pena imposta pelo crime comum. A regra na execução das penas privativas de liberdade é de que sejam somadas (arts. 75 do CP e 111 da LEP) e, superado o obstáculo específico de uma das penas para determinado benefício, não se pode simplesmente ignorar o tempo de privação da liberdade a que foi submetido o condenado, iniciando-se nova contagem do prazo sobre o que seria o saldo da pena. Basta, desse modo, que implemente o requisito objetivo do tempo de cumprimento sobre a pena total.

14. Regressão de regime

Cometida falta grave (art. 50, II, da LEP) pelo apenado, entre as sanções aplicáveis, a lei prevê a possibilidade de regressão de regime (art. 118, I, da LEP). A regressão, entretanto, será incabível quando for conduzir o apenado a regime mais gravoso do que aquele definido na sentença como inicial. Em tal hipótese, a medida afrontaria garantia constitucional, violaria direito fundamental do condenado.

A ideia central da progressão dos regimes prisionais "se enraiza na diminuição da intensidade da pena como consequência da conduta e do comportamento do recluso" (M.Cobo del Rosa e T.S. Vives Anton, "*Derecho Penal* –*Parte General*, p. 737), de modo que o condenado possa, gradativamente, ver aproximado o ideal da liberdade e de que o próprio Estado lhe propicie os meios para sua adequação a um novo compromisso de sociabilidade. A progressão, então, está sustentada logicamente pelos objetivos maiores da ressocialização e constitui, essencialmente, movimento de reconhecimento do mérito. O princípio da progressividade articula-se, também, com o compromisso humanitário da execução das penas, uma vez que seria especialmente cruel exigir de todos os condenados que expiassem suas culpas em um único regime de sujeição absoluta, não lhe oferecendo qualquer incentivo ao desenvolvimento de condutas colaborativas, produtivas e respeitosas. Na execução penal, os comandos legais adquirem sentido pleno quando em relação com os princípios da atenuação e do *nihil nocere* (Adela Asua, "El regimen penitenciario abierto, Consideraciones sobre su fiundamentación", *in Criminologia e derecho Penal a servicio de la persona*, p. 995-971). Pelo primeiro, nos afastamos da ideia do trancafiamento exclusivo do condenado e passamos a valorizar todos os estímulos necessários para que ele exercite, efetivamente, os direitos não atingidos pela sentença, atenuando-se, por este caminho, os efeitos que podem ser devastadores, derivados da supressão da experiência de vida em comum. Pelo segundo, os efeitos deletérios da segregação forçada devem ser evitados tanto quanto possível para que se contorne o resultado indesejado da "dessocialização". Com estas duas balizas fundamentais, o movimento da progressão perde a eventual aparência "disciplinar" e passa a se confundir com um "mínimo ético" cujas raízes foram fincadas na Constituição Federal.

Quanto à indicação do regime inicial de cumprimento da pena privativa de liberdade, a Constituição Federal estabelece que "a pena será cumprida em estabelecimentos distintos, de acordo com a natureza do delito, a idade e o sexo do apenado" (artigo 5º, XLVIII), comando que se articula, logicamente, com o disposto nos artigos 33 e 59, III, ambos do CP. A pena de reclusão em regime fechado é aquela cumprida em estabelecimento de segurança máxima ou média, em Penitenciária, portanto (art. 87, LEP). Ora, se o juiz deve observar a natureza do delito para a definição do estabelecimento onde a pena se inicia, parece evidente que as hipóteses de regressão de regime devem operar até o limite do regime inicial definido pela sentença, sob pena de se admitir a desproporção de conduzir o condenado, por conta de infração disciplinar, às condições definidas como necessárias para aqueles que cometeram crimes mais graves.

O regime inicial para o cumprimento das penas privativas de liberdade emerge da natureza do crime praticado. O momento decisivo de sua definição é aquele onde se aplica o grau da medida de contenção pressuposta pelo interesse público. Crimes cometidos com violência, onde o risco de reincidência ofende os bens jurídicos mais relevantes, costumam produzir contenção mais rigorosa; em contrário, crimes praticados sem violência ou grave ameaça oferecem riscos distintos e menos graves, de forma que é natural que ensejem outras medidas. Por isso, a hipótese de regressão de alguém condenado originalmente no regime aberto ou semiaberto ao regime fechado, implica nova condenação criminal de natureza extrajudicial, ainda que com as formalidades e as solenidades ritualísticas que circunscrevem as mais bem intencionadas decisões.

Estabelecido na sentença, definitivamente, o regime inicial de execução da pena, passa a incidir o instituto da coisa julgada. Os regimes da execução comunicam-se a partir desta decisão, não além dela. Desconsiderá-lo, equivale a desprezar a garantia constitucional oferecida aos condenados à pena privativa de liberdade, a saber, a de que o estabelecimento penitenciário onde será recolhido será aquele compatível com o crime praticado.

Além disso, o disposto no art. 118 da LEP, no que diz respeito à prática de "falta grave", como hipótese para a regressão de regime prisional, enseja um conjunto de possibilidades arbitrárias. Sendo a "ordem" o estado hierárquico da instituição prisional brasileira e a "disciplina" o efeito pretendido de sujeição ao conjunto de normas efetivas que vigoram nessa instituição, "subvertê-las" seria, em princípio, a obrigação do Estado, uma vez que a realidade da instituição prisional em nosso País é a materialidade mais acabada do desrespeito à lei.

Como a realidade do cárcere promove uma infinidade de regras espúrias e ilegais, todas elas incorporadas à praxe prisional brasileira, desde o desnudamento público dos condenados até a violação do sigilo de correspondência, submeter-se a essas "normas efetivas" equivale a um processo de mortificação que é sinal, em si mesmo, de capitulação e derrota do sujeito. Grande parte dos presos que se insurgem contra essa ordem e essa disciplina o fazem graças ao que lhes resta de humanidade e para preservar a sanidade que ainda possuem. Aderir a uma formulação abstrata como "ordem e disciplina", em um contexto crônico de violação dos Direitos Humanos, jamais será uma postura "neutra" ou, simplesmente "legal". Não se trata da lei, aliás, trata-se da metalinguagem que se produz a partir da lei, o que, como disse certa feita o poeta Sérgio Metz, "seria mesmo chover no molhado, se o molhado não fosse sangue".

Da mesma forma, entender que a fuga ou, por exemplo, qualquer ato de descumprimento das regras do regime aberto constitui, em si mesmo e sempre, uma "falta grave" e silenciar frente às condições que a motivam – elas mesmas muito mais graves do que a fuga – é o mesmo que se recusar a situar as decisões no período histórico em que vivemos, no País que nos foi legado como herança e diante das instituições prisionais que constituem um dos pesadelos da modernidade. Essa mesma conduta, proferida desde uma Corte em Berlin, durante o regime de Hitler, poderia ter "regredido" o regime de um judeu internado em um gueto – zonas de exclusão que, como se sabe, foram criadas legalmente – para um dos "campos" nomeados eufemisticamente pelo regime como "de trabalho".

Um juiz alemão poderia, então, após saber que o resultado dessa "regressão" havia terminado em um forno crematório, declarar que "não sabia" dessa possibilidade. Não estaria mentindo, por certo. Muitos alemães "não sabiam" dos campos. Muitos, inclusive, sequer acreditaram quando a verdade veio à luz. O problema é que os responsáveis pela aplicação da lei devem saber e, caso não saibam, devem querer saber.

Em verdade, para as faltas realmente graves praticadas no curso da execução, há uma plêiade de sanções de ordem disciplinar que podem ser aplicadas, proporcionalmente, como exige o art. 57 da LEP. A simples mácula na conduta do condenado irá lhe agregar muitas outras dificuldades. A ela somam-se, muitas vezes, o isolamento, a revogação do trabalho externo e das saídas temporárias e a suspensão ou restrição de outros direitos. A regressão possível e legítima, entretanto, só poderá ser aquela limitada pelo regime inicial definido na sentença.

Precedente da 6ª Câmara Criminal do TJ/RS:

EXECUÇÃO PENAL. REGRESSÃO DE REGIME. FALTA GRAVE (FUGA). IMPOSSIBILIDADE DE CONDUZIR O APENADO A REGIME MAIS RIGOROSO DO QUE O ESTABELECIDO NA SENTENÇA. LIMITES OBJETIVOS DA PENA. O cometimento de falta grave, além de macular a conduta carcerária, impedindo ou dificultando a obtenção de futuros benefícios pelo apenado, enseja aplicação de uma plêiade de sanções disciplinares, como o isolamento, a revogação do trabalho externo e das saídas temporárias e a suspensão e restrição de outros direitos. A regressão, no entanto, somente será possível se não conduzir o apenado a regime mais severo do que o estabelecido na sentença, que define os limites objetivos da pena. RECONHECIMENTO DA FALTA GRAVE. SANÇÕES CONSISTENTES EM ISOLAMENTO E AVERBAÇÃO DA FALTA NO PRONTUÁRIO, A IMPEDIR, TEMPORARIAMENTE, A CONCESSÃO DE BENEFÍCIOS PARA OS QUAIS É REQUISITO A CONDUTA ADEQUADA. PUNIÇÃO SUFICIENTE. REGRESSÃO, TAMBÉM POR ISSO, INCABÍVEL (ART. 57, *CAPUT*, DA LEP). PRINCÍPIO DA PROPORCIONALIDADE. Agravo improvido. (Agravo n. 70014736524, Rel. MABS, j. em 17/7/2006)

E do Supremo Tribunal Federal:

HABEAS CORPUS. EXECUÇÃO PENAL. SENTENÇA DETERMINANDO O INÍCIO DO CUMPRIMENTO DA PENA EM REGIME SEMI-ABERTO. FALTA GRAVE. REGRESSÃO DE REGIME. IMPOSSIBILIDADE. Sentença transitada em julgado determinando o início do cumprimento da pena em regime semi-aberto. Regressão de regime em razão da prática de falta grave (o paciente foi beneficiado com saída temporária e não retornou). Impossibilidade da regressão de regime do cumprimento da pena: a regressão de regime sem que o réu tenha sido beneficiado pela progressão de regime afronta a lógica. A sanção pela falta grave deve, no caso, estar adstrita à perda dos dias remidos. Ordem concedida. (HC 93.761-6/RS, 2ª Turma, Rel. Min. Eros Grau, j. em 05/8/2008).

14.1. Prática de fato definido como falta grave

A imputação de falta disciplinar deve ser apurada mediante procedimento administrativo disciplinar (PAD), no âmbito do qual devem ser resguardados o contraditório e a ampla defesa (arts. 5º, LV, da CF, e 59, *caput*, da LEP). É necessário que o apenado seja assistido por defensor constituído ou, se não houver indicação, por Defensor Público ou advogado nomeado para desempenhar o mister. É facultado ao apenado produzir provas e a decisão do diretor do estabelecimento penal, proferida depois de parecer da comissão disciplinar e da manifestação da defesa, será motivada (art. 59, parágrafo único, da LEP). Se entender caracterizada a falta, o diretor aplicará as sanções cabíveis no âmbito de sua competência (art. 54 da LEP) e poderá sugerir ao juízo da execução, remetendo-lhe de imediato os autos do PAD, a adoção de outras medidas, como a de regressão de regime, se a falta for de natureza grave.

Em juízo, ouvido pessoalmente o apenado e, se for o caso, produzidas as provas requeridas, o juiz proporcionará manifestações sucessivas, orais ou escritas, do Ministério Público e da Defesa e proferirá decisão fundamentada.

Sem a instauração de procedimento administrativo e resguardo efetivo da ampla defesa, será nula a decisão da autoridade administrativa ou judicial que aplicar qualquer espécie de punição ao apenado.

Há precedentes da 6ª Câmara Criminal do TJ/RS:

AGRAVO EM EXECUÇÃO. COMETIMENTO DE FALTA GRAVE. FUGA. REGRESSÃO DE REGIME. ANOTAÇÃO NO PRONTUÁRIO E ALTERAÇÃO DA DATA-BASE. AUSÊNCIA DE PROCEDIMENTO ADMINISTRATIVO DISCIPLINAR. NULIDADE. DECISÃO CASSADA. Recurso provido. (Agravo 70020147765, Rel. Des. João Batista Marques Tovo, julgado em 13/9/2007)

EXECUÇÃO PENAL. DECISÃO QUE RECONHECE A PRÁTICA DE FALTA GRAVE (FUGA), NA AUSÊNCIA DE PROCEDIMENTO ADMINISTRATIVO DISCIPLINAR, IMPONDO AS RESPECTIVAS SANÇÕES. NULIDADE. Disposição de ofício. Agravo prejudicado. (Agravo 70021589379, Rel. MABS, julgado em 18/12/2007)

Parte da fundamentação do último precedente citado:

> (...) A fuga constitui falta grave (art. 50, II, da LEP) e pode provocar regressão de regime (art. 118, I, parte final, da LEP).
> Todavia, para tanto, é indispensável que o apenado tenha sido submetido a procedimento administrativo disciplinar, nos termos do art. 59, caput, da LEP ("praticada a falta disciplinar, deverá ser instaurado o procedimento para sua apuração, conforme regulamento, assegurado o direito de defesa"), do que não se tem notícia no caso.

Verificando a inexistência ou nulidade do PAD, o juiz revogará a sanção imposta pela autoridade administrativa e determinará o cancelamento da averbação da falta. Do mesmo modo procederá, se constatar que se operou a prescrição ou que o fato não constitui infração disciplinar. Se o juiz, no entanto, considerar que a falta, regularmente apurada, foi efetivamente praticada pelo apenado, sem justificativa capaz de isentá-lo de punição, manterá (ou adequará, se forem desproporcionais ou incabíveis) as sanções aplicadas pelo diretor do estabelecimento penal e decidirá, na hipótese de falta grave, sobre a regressão de regime, obviamente, se o de cumprimento da pena for o aberto ou o semi-aberto.

A falta grave mais comum nos regimes aberto e semiaberto é a fuga. Especialmente, nos casos da reapresentação espontânea, é comum a justificativa plena ou parcial da falta. No Rio Grande do Sul, o atraso no retorno do trabalho externo ou da saída temporária, de regra, é anotado como evasão, embora não a configure. Inimizades pessoais ou de facções e as consequentes ameaças de morte são causas corriqueiras de fugas. Ao ingressar no cárcere, em regime fechado, o preso, por questão de sobrevivência, é obrigado a se vincular a determinado grupo. Essa realidade mais se acentua nos estabelecimentos onde ainda não há celas separadas e vigora o sistema de prisão por galeria. Ao ser transferido para estabelecimento do regime semi-aberto, quer por progressão, quer por força da sentença condenatória, o apenado muitas vezes encontra pessoas de facções rivais e sofre ameaças, obrigando-se à evasão, porque, de regra, as queixas à autoridade prisional são ignoradas.

Há, também, as fugas motivadas por doença e falta de atendimento médico no estabelecimento prisional.

Mesmo na hipótese de evasão, como já foi dito, nem sempre a regressão de regime revela-se adequada, embora o fato constitua falta grave. Há apenados que passam longos anos sem ter notícias dos familiares, não suportam a ansiedade e fogem, quando transferidos para o regime semiaberto, apenas para revê-los. Outros sentem necessidade de auxiliar no sustento dos filhos e não têm trabalho externo, ou recebem notícia de doença de familiar e não obtém permissão de saída. Enfim, há inúmeras situações em que o apenado é recapturado, sem nada constar sobre envolvimento em outros crimes, comprova que se encontrava trabalhando e apresenta justificativa que, pelo menos, ameniza sua conduta.

Em tais casos, o juiz tem a possibilidade de mandar averbar a falta no prontuário do preso, mantendo-o, todavia, no regime aberto ou semiaberto, porque a drástica regressão de regime mostra-se incompatível com a gravidade do fato. Às vezes, o tempo que o apenado ficou aguardando em regime fechado (regressão de fato ou preventiva) a realização da audiência a que se refere o §2º do art. 118 da LEP, inclusive passando por isolamento preventivo, constitui punição suficiente para a falta praticada.

É bom lembrar que as formas progressiva e regressiva de execução das penas privativas de liberdade não podem suprimir a passagem pelo regime semiaberto. Em outras palavras: a progressão dá-se sempre para o regime imediatamente mais ameno, e a regressão para o regime imediatamente mais grave. A previsão do *caput* do art. 118, de "transferência para qualquer dos regimes mais rigorosos", não deve ser interpretada como permissiva da regressão do aberto para o fechado, diretamente.

14.2. Prática de fato definido como crime doloso

A regressão de regime pela prática de fato (novo) definido como crime doloso seria aplicável somente antes da sentença condenatória, porque depois de imposta a pena já não se tratará propriamente de regressão, mas de soma ou unificação – art. 111, parágrafo único, da LEP. Seja como for, a interpretação literal do inciso I, parte inicial, do art. 118 da LEP, ainda que em combinação com o art. 52, também, da LEP (antiga ou atual redação – Lei 10.792, de 1º/12/03), viola o princípio da presunção de inocência (art. 5º, LVII, da CF). Não é possível conceber a regressão mediante mera imputação da prática de fato delituoso, que nem sempre constituirá falta grave. Entendimento em contrário tornaria inútil a prévia ouvida do condenado, exigida no § 2º do art. 118 da LEP. Bastaria para a regressão simples comunicação ao juiz da execução de que o apenado foi denunciado ou mesmo indiciado.

Desta forma, para a regressão é indispensável que o fato imputado ao apenado constitua, por si só, falta disciplinar, ou esteja relacionado com outro que a configure. Ao juiz da execução não cabe julgar o suposto novo crime doloso, mas decidir sobre a falta disciplinar relacionada com fato (a fuga, a ausência ao trabalho externo, a posse de instrumento proibido, o descumprimento das regras, etc).

Também é indispensável que o condenado esteja, efetivamente, cumprindo a pena privativa de liberdade, porque a regressão pressupõe, além de anterior progressão, o descumprimento de regras disciplinares dos estabelecimentos penais ou das condições correspondentes ao regime. Assim, se o apenado tiver alcançado a liberdade condicional e descumprir qualquer das obrigações que lhe foram impostas, cabível será a revogação do benefício (art. 87 do CP), não a regressão de regime.

É obvio que o apenado que esteja cumprindo pena em regime aberto ou semiaberto, sendo acusado da prática de novo crime no curso da execução, poderá ser transferido para estabelecimento de regime fechado. Mas isso decorrerá, não de decisão do juízo da execução, mas de prisão cautelar decretada pelo juiz do processo de conhecimento. Poderá, ainda, decorrer de decisões de ambos, cada um na sua esfera de competência, se o fato imputado, como foi referido, consistir também infração disciplinar ou tiver relação com ato que a caracterize. O sistema, portanto, fornece a solução.

Ao impor regressão pela imputação da prática de fato definido como crime doloso, o juiz da execução estará ferindo, além do mais, os princípios do devido processo legal e do juiz natural. Competente para julgar o fato definido como crime doloso é o juiz do processo de conhecimento.

Veja-se a situação de um preso do regime semi-aberto ser acusado de ter praticado crime doloso enquanto retornava do serviço externo. Imagine-se que seja um furto e que tenha sido decretada a prisão preventiva. Se o juiz da execução, por interpretar literalmente o art. 118, I, da LEP, aplicar a regressão, o apenado permanecerá em regime fechado ainda que seja revogada a prisão cautelar e mesmo que venha a ser absolvido, para piorar a situação, com fundamento num dos quatro primeiros incisos do art. 386 do CPP. Seria caso de flagrante injustiça e ilegalidade.

14.3. Condenação por crime anterior

No concernente ao disposto no inciso II do art. 118 da LEP, que prevê como causa de "regressão" a "condenação, por crime anterior", o legislador não poderia ter sido mais infeliz na redação.

Ao mencionar crime anterior, só pode estar se referindo a infração penal cometida antes do início do cumprimento da pena, que acabou por provocar outra condenação. Ora, se a hipótese é de outra condenação por crime anterior, o juiz da execução, não sendo o caso de unificação pela continuidade delitiva (art. 71 do CP), deve simplesmente determinar a soma das penas, na forma do art. 111, *caput*, da LEP, e estabelecer o regime de cumprimento. Afirmou-se nos comentários sobre "Soma e Unificação das Penas" (nº 9) que, neste caso, o tempo já cumprido da pena não é desprezado. Portanto, jamais haverá possibilidade de somar a nova pena "ao restante da pena em execução", o que é cabível e impõe-se, tão-somente, se ocorrer condenação por crime cometido no curso da execução (arts. 111, parágrafo único, da LEP e 75, § 2º, do CP). Flagrante, pois, a impropriedade contida no texto.

Fosse possível, legalmente, a ocorrência da situação prevista no aludido inciso II, a hipótese, de qualquer modo, não seria de regressão, mas de definição do regime pelo ingresso de outra condenação.

14.4. Transferência do regime aberto

14.4.1. Frustração dos fins da execução

A regra do § 1º do art. 118 da LEP é repetida no §2º do art. 36 do CP, e diz respeito, exclusivamente, ao condenado que cumpre pena em regime aberto. Contempla a possibilidade de regressão nas hipóteses dos incisos I e II do art. 118, a respeito das quais já se falou, assim como na de "frustrar os fins da execução" ou "não pagar, podendo, multa cumulativamente imposta". A frustração dos "fins da execução" ocorre quando o condenado deixa de cumprir as "regras do regime aberto", previstas no art. 36, § 1º, do CP ("O condenado deverá, fora do estabelecimento e sem vigilância, trabalhar, frequentar curso ou exercer outra atividade autorizada, permanecendo recolhido durante o período noturno e nos dias de folga"), ou as condições "gerais e obrigatórias" do regime aberto, estabelecidas nos incisos do art. 115 da LEP ("I – permanecer no local que for designado, durante o repouso e nos dias de folga; II – sair para o trabalho e retornar, nos horários fixados; III – não se ausentar da cidade onde reside, sem autorização judicial; IV – comparecer a juízo, para informar e justificar as suas atividades, quando for determinado"). O descumprimento constitui falta grave, segundo o disposto no art. 50, V, da LEP.

Embora o trabalho externo seja "condição" do ingresso e da permanência no regime aberto (art. 114, I, da LEP), os juízes de execução, atentos à realidade social, não têm aplicado a regressão pelo fato de o apenado não conseguir trabalho ou perder o emprego sem culpa. Seria, mesmo, ato de extrema insensibilidade impor a regressão nessas hipóteses, quando o desemprego constitui grave problema social e as dificuldades de conseguir colocação no mercado de trabalho se acentuam em face do preconceito, se o pretendente cumpre pena ou é egresso do sistema penitenciário.

14.4.2. Não pagamento da multa cumulativa

Falou-se, na abordagem da questão da conversão, que a Lei 9.268, de 1º/4/1996 alterou a redação do *caput* do art. 51 do CP e revogou seus incisos. A mesma lei revogou a parte final do § 1º do art. 118 da LEP. Considerada, desde então, dívida de valor exequível pela Fazenda Pública (execução fiscal), ou seja, por meios extrapenais, a pena de multa já não pode ser convertida em privativa de liberdade, como previa o também revogado art. 182 da LEP. Nem o inadimplemento pode agravar a execução da pena à qual foi cumulada. A execução da multa, portanto, recai sobre o patrimônio, não sobre a pessoa do condenado, sendo incabível a regressão de regime pelo não pagamento.

15. Regime aberto. Prisão domiciliar

15.1. Regras

O Código Penal, ao prever as regras do regime aberto, dispõe:

> Art. 36. O regime aberto baseia-se na autodisciplina e senso de responsabilidade do condenado.
> § 1º O condenado deverá, fora do estabelecimento e sem vigilância, trabalhar, freqüentar curso ou exercer outra atividade autorizada, permanecendo recolhido durante o período noturno e nos dias de folga.

Ao falar sobre os estabelecimentos penais, a LEP, que vigora há mais de duas décadas, descreve como deve ser a Casa do Albergado e dispõe sobre o prazo para sua instalação:

> Art. 93. A Casa do Albergado destina-se ao cumprimento de pena privativa de liberdade, em regime aberto, e da pena de limitação de fim de semana.
> Art. 94. O prédio deverá situar-se em centro urbano, separado dos demais estabelecimentos, e caracteriza-se pela ausência de obstáculos físicos contra a fuga.
> Art. 95. Em cada região haverá, pelo menos, uma Casa de Albergado, a qual deverá conter, além dos aposentos para acomodar os presos, local adequado para cursos e palestras.
> Parágrafo único. O estabelecimento terá instalações para os serviços de fiscalização e orientação dos condenados.
> (...)
> Art. 203. No prazo de 6 (seis) meses, a contar da publicação desta Lei, serão editadas as normas complementares ou regulamentares, necessárias à eficácia dos dispositivos não auto-aplicáveis."
> (...)
> § 2º Também, no mesmo prazo, deverá ser providenciada a aquisição ou desapropriação de prédios para instalação de casas de albergados."

No dizer de Mirabete (*Execução Penal*, 11ª ed., Atlas, 2004, p. 276), "a denominação de Casa do Albergado (ou seja, prisão albergue), para designar o estabelecimento destinado ao condenado em regime aberto, é uma expressão feliz porque se refere a uma simples prisão noturna, sem obstáculos materiais ou físicos contra a fuga."

É exatamente dessa forma que deve ser encarado o cumprimento da pena em regime aberto: não há contenção; há obrigações a serem cumpridas. A permanência no estabelecimento nos horários fixados e o cumprimento das regras dependerão, exclusivamente, da vontade do condenado.

Não obstante, o descumprimento das condições impostas poderá configurar falta de natureza grave (art. 50, V, da LEP) e sujeitará o condenado a sanções disciplinares.

O ingresso no regime aberto ocorre pela conversão da pena restritiva de direitos (arts. 44, §§ 4º e 5º, do CP e 181 da LEP); pela revogação da suspensão condicional da pena (arts. 81 do CP e 162 da LEP); pela execução direta da sentença que estabeleceu o regime sem substituir ou suspender condicionalmente a pena; ou por força de progressão.

15.2. Condições

Segundo dispõe o art. 113 da LEP, presume-se a aceitação pelo condenado das condições estabelecidas pelo juiz para o ingresso no regime aberto. O art. 115 da LEP, em seus incisos, arrola as condições obrigatórias, ou seja, as que sempre serão inicialmente impostas, e prevê, no *caput*, a possibilidade de o juiz estabelecer condições especiais. Tanto as condições especiais quanto as obrigatórias, observados o contraditório e a ampla defesa, podem ser modificadas, "de ofício, a requerimento do Ministério Público, da autoridade administrativa ou do condenado, desde que as circunstâncias assim o recomendem" (art. 116 da LEP). As circunstâncias que recomendam a modificação das condições, de regra, estão relacionadas com dificuldades pessoais do condenado de cumprir as originalmente impostas. As condições especiais tanto podem ser impostas cumulativamente às obrigatórias, como para substituí-las nos casos de modificação. É importante para o estabelecimento de condições especiais a constatação dos fatores que podem ter contribuído para a prática do crime. Nos casos, por exemplo, do alcoolismo e do consumo de substâncias entorpecentes, o juiz deve ter a sensibilidade de estabelecer a condição especial da frequência a grupo de ajuda ou de tratamento clínico.

Se as condições do regime aberto foram estabelecidas na sentença, o juiz da execução pode alterá-las, já no primeiro momento, para adaptá-las a alguma situação fática que impeça ou dificulte o cumprimento. É defeso, no entanto, ao juiz da execução, salvo por descumprimento, agravar as condições impostas na sentença.

> *HABEAS CORPUS*. REGIME ABERTO. CONDIÇÕES. As condições do regime aberto são modificáveis se houver descumprimento ou para adaptá-las a circunstâncias que estejam dificultando ou impedindo o cumprimento. Constrangimento ilegal configurado pelo agravamento das condições estabelecidas por sentença transitada em julgado. (*Habeas corpus* 70018480442, 6ª Câmara Criminal, TJ/RS, Rel. MABS, julgado em 29/3/2007)

O art. 114, I e II, da LEP referia-se, unicamente, ao ingresso no regime aberto mediante progressão. Os incisos consistiam requisitos para a troca de regime, do semi-aberto para o aberto. Quanto ao inciso I, entretanto, a realidade social do País se encarregou de torná-lo letra morta. Simplesmente, não havia como exigir, para o acesso ao regime aberto, que o preso estivesse exercendo o trabalho externo ou comprovasse a possibilidade de fazê-lo imediatamente, se há muito graça o desemprego e, para piorar a situação, vigora inegável preconceito em relação a quem cumpre ou já cumpriu pena. Talvez também por isso, o mencionado artigo tenha sido revogado pela Lei 10.792, de 1º/12/03, que alterou a redação do art. 112 da LEP, passando a exigir para a progressão de regime, tão somente, o cumprimento de ao menos 1/6 da pena e bom comportamento carcerário, comprovado por atestado do diretor do estabelecimento.

15.3. Prisão domiciliar

A prisão domiciliar constitui forma de cumprimento da pena em regime aberto. Não por outra razão o legislador tratou de prevê-la e regulá-la na Seção II ("Dos Regimes"), do Capítulo I ("Das Penas Privativas de Liberdade"), do Título V ("Da Execução das Penas em Espécie"), da Lei 7.210/84. Sobre isso, também, o parágrafo único do (revogado) art. 114 e o art. 115, ambos da LEP, não permitem dúvida. Das condições obrigatórias do regime aberto nenhuma é incompatível com o recolhimento em residência particular. Aliás, não é gratuitamente que, ao estabelecer a primeira das condições obrigatórias, a lei fala em "permanecer no local que for designado, durante o repouso e nos dias de folga", sem especificar o local (art. 115). Tanto pode ser, então, o albergue quanto a residência particular.

Dispõe o art. 117 da LEP:

> Somente se admitirá o recolhimento do beneficiário de regime aberto em residência particular quando se tratar de:
> I – condenado maior de setenta anos;
> II – condenado acometido de doença grave;
> III – condenada com filho menor ou deficiente físico ou mental;
> IV – condenada gestante.

A prisão domiciliar, que deveria ser alternativa excepcional à prisão albergue, transformou-se, pela inércia do Poder Executivo, em forma comum de cumprimento da pena em regime aberto. Simplesmente, não foram instalados albergues em quantidade suficiente e consistiria exacerbação da pena submeter os condenados a estabelecimentos com características diversas daquelas previstas na LEP (v. artigos transcritos inicialmente).

As hipóteses arroladas no citado art. 117 não são exaustivas. A do inciso III, por exemplo, em face do princípio da igualdade, aplica-se também homem condenado, desde que mantenha a guarda do filho menor ou deficiente. De resto, é cabível a prisão domiciliar se não existir albergue na comarca ou, estabelecidos critérios que evitem privilégios, se o existente estiver superlotado.

Precedentes com transcrição, no todo ou em parte, dos fundamentos dos votos:

> EXECUÇÃO PENAL. INVIABILIDADE DE CUMPRIMENTO DA PENA EM REGIME ABERTO, POR SUPERLOTAÇÃO DO "ALBERGUE" DA COMARCA, QUE NÃO ATENDE AOS REQUISITOS DA LEP: casa de albergado ou estabelecimento similar, em centro urbano, separado dos demais estabelecimentos penais e desprovido de obstáculos físicos contra a fuga (arts. 33, § 1º, e 36, § 1º, do CP, e arts. 93-95 e 203, § 2º, da LEP). concessão de prisão domiciliar. solução emergencial que viabiliza o cumprimento da pena em condições mais próximas à do regime estabelecido (aberto). viabilidade legal, através da analogia (arts. 93, 115 e 117 da LEP). precedentes jurisprudenciais. Agravo improvido. (Agravo 70019078914, 6ª Câmara Criminal, TJ/RS, Rel. Des. MABS, julgado em 26/4/2007)

Fundamentação:

> A.L. iniciou em 24/02/2006 o cumprimento da pena de 1 ano, 2 meses e 9 dias de reclusão, em regime semi-aberto, tendo obtido progressão para o aberto em 08/01/2007 (expediente de fls. 12-15). Portanto, deveria estar em casa de albergado.

Todavia, na Comarca de Caxias do Sul o estabelecimento que exerce a função de "albergue" localiza-se no interior da Penitenciária Industrial. Inclusive, em relatório datado de 28/4/2.006, o Diretor da PICS descreve a caótica situação enfrentada pelos indivíduos que ali estão reclusos:

"O albergue da penitenciária atingiu uma população de 225 internos alojados, 150% acima da capacidade instalada de 96 vagas, o que significa que as 06 celas estão superlotadas, restando presos alojados nos corredores, no chão e sobre as mesas do refeitório, em condições anti-higiências, insalubres, promíscuas, e potencialmente desastrosas em caso de sinistro ou briga entre quadrilhas rivais."

A solução emergencial de viabilizar o cumprimento da pena em condições mais próximas às do regime imposto é adequada, por razões jurídicas e humanitárias.

Os argumentos jurídicos, que autorizam a aplicação da analogia em favor do condenado, são o inadimplemento oficial da LEP (que é de 1984), quanto à construção, em prazo determinado, de casa de albergado ou estabelecimento similar, em centro urbano, separado dos demais estabelecimentos penais e desprovido de obstáculos físicos contra a fuga (arts. 33, §1º, e 36, §1º, do CP, e arts. 93-95 e 203, §2º, da LEP); a viabilidade legal de cumprimento da pena em regime aberto tanto em casa de albergado quanto em regime domiciliar (arts. 93 e 117 da LEP); e a possibilidade de que se imponham condições especiais para a concessão do regime aberto (art. 115 da LEP), norma que pode abarcar o recolhimento em residência particular, afastando qualquer prejuízo à aplicação da lei penal.

Já o aspecto humanitário da decisão impede que o condenado sofra as conseqüências das deficiências estruturais do Estado, após tempo mais do que suficiente para a efetivação da LEP, e suporte a ilegalidade do recolhimento a regime mais rigoroso ou mesmo a estabelecimento prisional, ainda que apenas no repouso noturno e dias de folga, em verdadeira exacerbação da pena. A situação é de afronta aos princípios constitucionais da reserva legal (art. 5º, II), da individualização da pena (art. 5º, XLVIII), da proporcionalidade, da dignidade da pessoa humana (art. 1º, III) e aos objetivos primordiais da LEP, de "proporcionar condições para a harmônica integração social do condenado e do internado" (art. 1º).

Diante disso, a exceção da prisão domiciliar passa a ser a regra geral, não se podendo interpretar restritiva e taxativamente as hipóteses do art. 117 da LEP como vem fazendo o Supremo Tribunal Federal (note-se que a 2ª Turma do Supremo manifestava-se favoravelmente à "prisão albergue domiciliar", como se vê no HC 67663, Rel. Min. Carlos Madeira, julgado em 02/02/90; todavia, o Pleno uniformizou a jurisprudência no HC 68012, Rel. para o acórdão Min. Celso de Mello, julgado em 19/12/1.990).

Ao contrário e há muito tempo, o Superior Tribunal de Justiça admite o cumprimento da prisão domiciliar na inexistência de casa do albergado (HC 44390/MG, 5ª Turma, Rel. Min. Félix Fischer, julgado em 06/9/2.005; ROHC 13021, 6ª Turma, Rel. Min. Paulo Medina, julgado em 26/6/2.003; HC 6061, 5ª Turma, Rel. Min. Edson Vidigal, julgado em 02/9/1.997; Resp 129869, 6ª Turma, Rel. Min. Anselmo Santiago, julgado em 10/02/1.998). Destaco dois precedentes, relatados por renomados Ministros, por seu conteúdo crítico ainda atual:

Inexistindo estabelecimento adequado, na região, decorridos mais de 5 (cinco) anos da edição da Lei de Execução Penal, tempo mais do que suficiente para providências efetivas a respeito, cabem ser reproduzidas aqui as considerações que fiz, em voto, por ocasião do julgamento do RHC nº 72-MG, in verbis:
"(...) há várias formas de cumprimento de pena em regime aberto, sendo perfeitamente acessível aos juízes das comarcas, aos administradores dos sistemas penitenciários estaduais, encontrarem solução adequada, dentro de suas limitações, seja destinando local separado da cadeia pública ou da penitenciária, como ocorre em alguns Estados, seja construindo ou desapropriando imóveis para o fim de ali se instalarem as denominadas casa de albergados. Mas o que se nota é a má vontade ou posição ideológica contrária de muitos dos responsáveis pela execução penal, o que vem dificultando a implementação do novo sistema de penas. Isso conduz ao dilema: ou o Estado se prepara para a execução penal tal como posta em lei, ou então o juiz terá de encontrar solução para os impasses criados. E uma das soluções que a jurisprudência vem encontrando para o regime aberto é esta: se o Estado não quer destinar um de seus próprios para casa de albergado, se também não pretende desapropriar alguma residência adequada e se, finalmente, se recusa ou não pode destinar uma parte de seus presídios para esse fim, o juiz não tem como deixar de valer-se de uma possibilidade ensejada pela própria Lei de Execução Penal que é a permissão, em casos excepcionais, para que essa forma de cumprimento de pena se faça em prisão domiciliar (art. 117). Assim, por aplicação da analogia admite-se que, uma vez deferido o regime aberto, não havendo vaga ou casa de albergado na Comarca, o recolhimento se dê em residência particular." (Resp 32180-7, 5ª Turma, Rel. Min. Assis Toledo, julgado em 15/3/1.993)
A matéria posta neste Recurso Especial vem se repetindo nos tribunais, ou seja a inadequação entre a lei de execução da pena e a realidade brasileira.
A propósito, em escrito doutrinário, manifestei-me:
A execução da pena, no Brasil, evidencia, descompasso entre a lei e a realidade. A legislação encerra as recomendações científicas de tratados internacionais. O cumprimento da pena, no entanto, é problema comovente. O Estado não implementou os estabelecimentos adequados para o regime semi-aberto e o regime aberto. Quanto ao fechado, sabido, o número é insuficiente, ocasionando a superpopulação carcerária, causa imediata de rebeliões, constantemente exibidas na televisão.
O Judiciário, diante desse quadro, precisa ficar atento, evidenciar sensibilidade a fim de manter o equilíbrio da situação. De um lado, conferir eficácia ao título executório. De outro, ajustá-lo aos meios materiais de que dispõe.
O tema surge, com maior vigor, quando a sentença condenatória estabelece o regime inicial semi-aberto, ou aberto. Nessa faixa, a regra é a inexistência de estabelecimentos adequados. Enviar, por isso o condenado à disciplina do regime fechado, além de inconstitucional, fere os princípios da execução. Com efeito, cumpre partir do título executório. A sentença condenatória transitada em julgado é a base. Impossível, por isso, esquecê-lo, o que na verdade seria desprezá-lo. O que acontece, então. O Estado, vinculado ao princípio da legalidade, dele se afastaria, impondo, exigindo regime diferente da condenação. Sem dúvida, opção intolerável.
O Estado condena porque o delinqüente contrariou o preceito da lei, em seguida,

o próprio Estado, com a desculpa de falta de estabelecimento próprio, despreza e impõe execução penal contra a lei, a mesma que busca preservar. Inadequado, iníquo, impõe regime de execução mais severo.

A jurisprudência precisa ser sensível, adequar-se à realidade.

Sabe-se, a – casa de albergado – destinada aos condenados, cujo regime inicial seja o aberto – inexiste em vários Estados. Tem-se notado, infelizmente, contornar a dificuldade, determinando o recolhimento em situação de regime mais severo.

O judiciário precisa repensar essa solução, procurar ajustar-se à realidade. Se não fizer isso, a execução penal será mero jogo de palavras. E outro dado é importante, não pode ser esquecido: a clientela da execução penal são as pessoas carentes, sem possibilidade de reagir à legalidade. Verdadeira iniqüidade!

A prisão domiciliar (ao beneficiário de regime aberto, em residência particular) é consentida ao maior de 70 anos, ao condenado acometido de doença grave, à condenada com filho menor ou deficiente físico ou mental e à condenada gestante (LEP, art. 117).

As razões da lei são evidentes, dispensam observações.

O precedente legislativo deve ser invocado para o cumprimento de pena em regime aberto, se inexistir o estabelecimento adequado. Não se trata de mero pieguismo, ou desobediência à lei. É um modo emergencial de conferir o regime de execução mais próximo ao fixado na condenação. E mais, não se trata de substituir o comendo da sentença – condenatória. Trata-se sim, de situação de passagem, como tal, precária. Conferir-se-á esse tratamento, sob condição, ou seja, enquanto não possível submeter o condenado ao regime da condenação.

O Judiciário moderno superou os limites da Escola da Exagese, cuja preocupação era fornecer, na sentença, conclusão meramente formal, resultante de raciocínio de lógica menor.

Hoje, reclama-se atenção ao significado social da sentença (o Direito Penal, isoladamente, é insuficiente para responder à criminalidade; impõe-se também trânsito na Criminologia moderna e na Política Criminal).

A pena, a teor do artigo 59 do Código Penal, destina-se, é a medida da "reprovação e prevenção" do crime.

A pena, por isso, só se justifica (materialmente) se contiver potencialidade para alcançar esses objetivos.

A massa carcerária, submetida a condições desumanas não pedagógicas, na realidade, é deseducada nos estabelecimento criminais. Urge, por isso, impedir ser acrescida de pessoas consideradas, na sentença, de nenhum, ou de escasso grau de periculosidade.

O condenado ao regime inicial aberto não pode, sob o único fundamento de inexistência de Casa de Albergado, ser submetido ao sistema do regime fechado. Configura, verdadeira regressão a que não deu causa.

(...)

O Recurso Especial acolheu a pretensão da defesa; fê-lo ao fundamento de o estabelecimento próprio praticamente inexistiu. Deferiu a substituição para o tratamento reclamado. Evidente, como registrado, a solução não é mera liberalidade. Busca, isso sim, conferir à pena possibilidade de alcançar a sua finalidade. A decisão encerra condição (não é sentença condicional, mas condição em execução) para garantir a idoneidade da medida: o condenado deverá comprovar ao juiz de execução estar cumprindo o tratamento a que se propôs.

Para encerrar. A lei não esgota o Direito. O Juiz trabalha com o Direito; por isso, não fica restrito à normas escritas. Urge sentir e aplicar princípios!

O Estado não pode reclamar a execução (por ele promovida) se a lei constituir mero programa de almejada realização futura. O Judiciário, poder institucional, deve promover a crítica da lei. Ainda que, sob condição, emitir a solução razoável, inspirada na Justiça. Solução possível é solução legal! O Juiz precisa convencer-se de ser político social!

(Resp 120.595, 6ª Turma, Rel. Min. Luiz Vicente Cernicchiaro, julgado em 10/6/1.997)

Ainda, invoco precedentes desta Câmara:

EXECUÇÃO PENAL. CONCESSÃO DE PRISÃO DOMICILIAR PARA PRESO DO REGIME ABERTO. AUSÊNCIA CONCRETA DE ALTERNATIVAS PARA RECOLHIMENTO A ALBERGUE COMO DISPÕE A LEI DE EXECUÇÃO PENAL. GARANTIA DO PRINCÍPIO DE RESSOCIALIZAÇÃO DA PENA. AFIRMAÇÃO DOS PRECEITOS DEFINIDOS PELO ART. 5º, INCISOS III E XLVIII, DA C.F. AGRAVO IMPROVIDO. (Agravo em execução 70012781993, Rel. MABS, julgado em 27/10/2.005)

Agravo da LEP. Prisão domiciliar. Na falta de casa do albergado, ou diante da precária situação da casa prisional, é possível a colocação do apenado em prisão domiciliar, eis que esta cumpre os mesmos objetivos do regime aberto (autodisciplina e senso de responsabilidade do condenado). Aplicação dos princípios da proporcionalidade e da dignidade da pessoa humana. Inconformidade ministerial desacolhida. (Agravo em execução 70016358905, Rel. Des. Paulo Moacir Aguiar Vieira, julgado em 19/10/2.006)

Por fim, ressalto que o recolhimento em residência particular não eximirá o condenado do cumprimento das normas de conduta peculiares ao regime, inclusive porque as condições restritivas estabelecidas pela decisão podem ser fiscalizadas, mediante mandados de verificação a serem cumpridos por oficiais de justiça. E, também, que seria interessante que o Ministério Público demonstrasse a mesma preocupação com a legalidade, no que diz respeito à instalação de adequada Casa de Albergado na Comarca.

AGRAVO DA EXECUÇÃO (ART. 197 DA LEP). Apenado condenado a cumprir pena em regime inicial aberto. Inexistência de Casa de Albergado no distrito da culpa, onde o apenado possui residência e exerce serviço público em regime estatutário (Giruá/RS). Deslocamento diário à cidade vizinha (Santo Ângelo/RS), para cumprimento da repriminda carcerária, que se mostra dispendiosa financeiramente, além de dificultar o contato do apenado com seus familiares. Trabalho que é condição para a plena viabilização do regime aberto. Direito do apenado ao cumprimento da repriminda carcerária no local da sua residência, que só pode ser excepcionado em circunstâncias extraordinárias de interesse público na administração da Justiça.

Contexto fático que impõe o deferimento da prisão domiciliar ao apenado durante os dias da semana em que tiver expediente na respectiva repartição pública em que exerce serviço público, mediante condições a serem estipuladas no Juízo das Execuções Criminais de origem, com o recolhimento à Casa de Albergado, em que cumpre pena atualmente (Santo Ângelo/RS), durante os finais de semana. Medida excepcional que sufraga proporcionalidade na prestação jurisdicional e na administração da Justiça, em busca da efetiva ressocialização do apenado. AGRAVO PARCIALMENTE PROVIDO. (Agravo nº 70016301475, 6ª Câmara Criminal, TJ/RS, Rel. Des. Aymoré Roque Pottes de Mello, j. 26/10/2006)

Fundamentação:

1. De início, ressalto que o agravante é funcionário concursado ativo do Município de Giruá desde dezembro de 1990 (fl. 09), bem como possui dois filhos e mulher (fls. 10/11).
2. Quanto ao mais, o agravante refere que a rotina de trabalhar na cidade de Giruá e pernoitar na cidade de Santo Ângelo obstaculiza o seu contato com a família, pois disporia de pouco ou nenhum tempo para encontrá-los. Esta circunstância é, certamente, um ponto fortemente negativo no seu processo de ressocialização.
Ademais, conforme se vê dos documentos de fls. 13/14, o agravante percebe remuneração modesta, que praticamente inviabiliza o deslocamento diário entre as cidades de Santo Ângelo-Giruá-Santo Ângelo, e, por conseqüência, a manutenção do seu emprego. Esta circunstância também só viria atravancar o processo de ressocialização do agravante.
3. Portanto, considerando que o agravante foi condenado a cumprir a sua pena carcerária em regime inicial aberto, que reside com seus familiares e trabalha no Município de Giruá, que não há Casa de Albergado neste Município, que o agravante tem o direito de cumprir a sua pena no local da sua residência, o que apenas pode ser excepcionado em casos de interesse público na administração da Justiça, que o deslocamento diário à cidade vizinha de Santo Ângelo/RS se mostra dispendioso financeiramente, além de dificultar o contato do agravante com seus familiares, e que o trabalho é condição para a plena viabilização do regime aberto, concluo deva ser deferido ao agravante, excepcionalmente, o benefício da prisão domiciliar durante os dias da semana em que tiver expediente na respectiva repartição pública em que exerce serviço público, mediante condições a serem estipuladas no Juízo das Execuções Criminais de origem, com o recolhimento à Casa de Albergado em que cumpre pena somente nos dias de folga, inclusive nos finais de semana, assim sufragando o princípio da proporcionalidade na prestação jurisdicional e na administração da Justiça, em busca da efetiva ressocialização do apenado.
Nestes termos, desata-se o recurso.

Peculiares situações fáticas podem determinar, também, o recolhimento de apenados dos regimes semi-aberto e fechado em prisão domiciliar. Assim pode ocorrer, por exemplo, com o portador de deficiência física adquirida depois da prática do crime, que, modo permanente, impeça-o de se locomover, e com o portador de doença grave, irreversível e incapacitante, para o qual o Estado não tenha meios de fornecer atendimento adequado em estabelecimento carcerário.

A 6ª Câmara Criminal do TJ/RS já enfrentou a matéria:

AGRAVO EM EXECUÇÃO. PRISÃO DOMICILIAR. POSSIBILIDADE. regime prisional que não seja o aberto. queimaduras graves de 2º e 3º graus de 60% do corpo. tratamento médico que vem sendo ministrado no presídio. hipótese de necessidade de cuidados especiais. Agravo provido. (Agravo Nº 70016773988, 6ª Câmara Criminal, TJ/RS, Rel. Des. João Batista Marques Tovo, julgado em 09/11/2006)

Fundamentação:

A. P. está a cumprir 05 anos e 04 meses de reclusão e 05 meses de detenção, penas que lhe foram impostas por incurso no artigo 157, § 2º, inciso II, e no artigo 129, respectivamente, ambos do Código Penal (f. 19 e 20). Iniciou em 27.10.2004, no regime semi-aberto, atualmente está no regime fechado. Por sofrer queimaduras em decorrência de motim ocorrido no estabelecimento prisional, requereu o benefício da prisão domiciliar, o que foi indeferido (f. 30-31). O indeferimento deveu-se ao fato de o apenado não estar a cumprir pena em regime aberto e o laudo médico declarar que vem apresentando excelente cicatrização das queimaduras e dos implantes de pele, sem nenhum foco infeccioso nas regiões comprometidas (f. 30).
O recurso volta-se contra essa decisão.
É dito que, face ao fundamento do Estado democrático de Direito, qual seja: a dignidade da pessoa humana que garante o direito à vida e à saúde deve ser possibilitada a prisão domiciliar, em caráter excepcional, para o sentenciado, e que o agravante pode progredir o regime de cumprimento da pena para o semi-aberto, eis que implementado o requisito objetivo em 25.07.2006, conforme carta de guia anexa.
Razão lhe assiste.
Quanto à exigência de encontrar-se em regime aberto, o regime de origem é o semi-aberto e o apenado já cumpriu bem mais do que um sexto (1/6) da pena (f. 17). De qualquer modo, a exigência tem sido flexibilizada em razão das peculiaridades do caso concreto por jurisprudência do próprio Superior Tribunal de Justiça, de que é exemplo a ementa que segue:
EXECUÇÃO PENAL. RECURSO ESPECIAL. ARTIGO 214 DO CP. SENTENCIADO CUMPRINDO PENA NO REGIME SEMI-ABERTO. *PRISÃO DOMICILIAR.* I - A *prisão domiciliar,* em princípio, só é admitida quando se tratar de réu inserido no regime prisional aberto, ex vi do art. 117 da Lei de Execução Penal (Precedentes do Pretório Excelso). II - Excepcionalmente, porém, esta Corte tem entendido que mesmo no caso de regime prisional diverso do aberto é possível a concessão de *prisão domic*iliar, em face de comprovada *doença grave,* se o tratamento médico necessário não puder ser ministrado no presídio em que se encontra o apenado (Precedentes do STJ). III - O fato de o recorrido ser pessoa idosa, que precisaria assistir pessoalmente a esposa gravemente doente, não se enquadra entre as ex-

cepcionais hipóteses de concessão da *prisão domici*liar a condenado ao cumprimento de pena em regime semi-aberto. Recurso provido. (RESP 661323/RS, 5ª Turma STJ, rel. Min. FELIX FISCHER, j. 17-03-2005, DJ 01-07-2005, p. 608).
A concessão do benefício, portanto, não depende somente do regime prisional em que se encontra o apenado.
Por outro lado, não resta dúvida de que o apenado está convalescendo de graves lesões – "queimaduras graves de 2º e 3 graus, no dorso, pernas, braços e abdome, totalizando aproximadamente 60% S.C.Q., qualificado como grande queimado" (f. 10) – que determinaram sua internação hospitalar desde o dia 24 de abril de 2006 (f. 14 e 21) até data imprecisa de alta. Ainda que apresente "excelente cicatrização das queimaduras e dos implantes de pele, sem nenhum foco infeccioso nas regiões comprometidas" (f. 26), ele não se encontra totalmente recuperado, demanda cuidados e não convém expô-lo ao ambiente insalubre do Presídio. Pelo menos, o atestado que serviu de base à decisão (f. 26) não é suficiente para recomendar sua permanência no Presídio, na medida em que não avalia o risco que envolve sua exposição a ambiente insalubre.
Nesse contexto, reputo adequado determinar a permanência do apenado em prisão domiciliar até seu pronto restabelecimento ou até ser atestada ausência de risco no ambiente insalubre da prisão para o seu atual estado de saúde, o que deverá ser verificado por peritos médicos à escolha do juízo de primeiro grau, no momento que julgar oportuno. Ou seja, deferir a prisão domiciliar, de modo excepcional e temporário.
Entendo que o caso recomenda cuidados especiais, haja vista a declaração fornecida pela Clínica de Cirurgia Plástica (f. 10):
DECLARAÇÃO:
Declaro, para os devidos fins, e a pedido do HOSPITAL DE CARIDADE, que avaliando o Sr. ADEMIR PEREIRA, ontem, à noite, na UTI do Hospital de Caridade de Erechim (RS), o mesmo apresenta queimaduras graves de 2º e 3º graus, no dorso, pernas, braços, e abdome, totalizando aproximadamente 60% S.C.Q., qualificado como grande queimado, necessitando tratamento especializado em unidade de tratamento intensivo de queimados. Foi dado o atendimento inicial, constatando de hidratação (Fórmula Parkland), analgesia E.V., curativo nas áreas queimadas e aplicação de sulfadiazina de prata 1%, controle de diurese p/SV demora, profilaxia de tétano e entrado em contato com médico plantonista da UTI – HPS para ver a possibilidade de transferência do paciente para Porto Alegre-RS.
(...).
Sendo assim, a situação está a exigir a prudência de preservar a saúde e a vida do segregado, além daquela já tomada pela Administração do Presídio Estadual de Erechim, que vem resultando na evolução curativa dos ferimentos apresentados pelo apenado.
Em que pese o decurso de prazo do recurso, a medida se impõe, até que seja atestada a consolidação dos ferimentos, sem qualquer risco de infecção.

Por outro lado, é importante que o juiz estabeleça forma de controle do cumprimento das condições impostas, modo especial da prevista no inciso I do art. 115. Uma das formas possíveis seria a de oficial de justiça, munido de mandado de verificação, comparecer ao local designado e certificar a respeito da situação constatada.

16. Livramento condicional

16.1. Requisitos objetivos

Disciplinam o livramento condicional os arts. 83-90 do Código Penal e 131-146 da Lei de Execução Penal. Objetivamente, a concessão do benefício pressupõe, em primeiro lugar, que a pena privativa de liberdade seja igual ou superior a dois anos (art. 83, *caput*, do CP). Sendo inferior a pena, o caminho para a liberdade antecipada é o da conversão em restritiva de direitos, conforme dispõe o art. 180 da LEP. O segundo requisito objetivo a ser satisfeito é o de ter o condenado cumprido mais de 1/3 da pena, se não for reincidente em crime doloso (inciso I do art. 83); mais de 1/2, se for reincidente em crime doloso (inciso II do art. 83); ou mais de 2/3, nos casos de condenação por crime hediondo ou equiparado, "se o apenado não for reincidente específico em crimes dessa natureza" (inciso V do art. 83).

Introduzido pela Lei 8.072/90, o mencionado inciso V veda o livramento condicional ao reincidente específico em crimes hediondos ou equiparados (tortura, tráfico de entorpecentes e drogas afins e terrorismo). A reincidência que impede o benefício não é a genérica em crimes de tal natureza; é a que se tenha operado em virtude da prática do mesmo crime hediondo ou equiparado. Não fosse assim, o termo "específico" seria redundante, vale dizer, totalmente dispensável, e é incabível interpretar a lei como se o legislador tivesse inserido no texto palavras inúteis. A preocupação com a reiteração criminal é absolutamente relevante, todavia, é necessário lembrar que o apenado provavelmente já estará em regime menos rigoroso quando fizer jus ao livramento condicional. Então, não será a não concessão do benefício que irá impedir a eventual prática de novo crime, já que nos regimes semiaberto e aberto há possibilidade de saídas temporárias e trabalho externo.

Assim, sendo reincidente específico em algum dos crimes hediondos ou equiparados, o apenado terá que cumprir preso a totalidade da pena privativa de liberdade, inexistindo óbice, no entanto, de que o faça no sistema progressivo, na forma do art. 112 da LEP ou da nova redação do art. 2º, §§ 1º e 2º, da Lei 8.072/90, introduzida pela Lei 11.464, de 28/3/07, na hipótese de crimes cometidos depois da sua vigência.

Se o apenado pela prática de crime hediondo ou equiparado, não reincidente específico, estiver também condenado por infração penal comum, para alcançar o livramento condicional, deverá antes cumprir mais de 2/3 da pena mais grave. A gravidade aqui não é medida pela quantidade ou pela espécie das penas, mas pela natureza do delito. Não é necessário que cumpra, para o mesmo benefício, mais 1/3 ou 1/2 da pena imposta pelo crime comum. A regra na execução das penas privativas de liberdade é de que sejam somadas (arts. 75 do CP e 111 da LEP), inclusive para efeito de livramento condicional (art. 84 do CP). Superado o obstáculo específico de uma das penas para determinado benefício, não se pode simplesmente ignorar o tempo de privação da liberdade a que foi submetido o condenado, iniciando-se nova contagem do prazo sobre o que seria o saldo da pena. Basta, desse modo, que implemente o requisito objetivo do tempo de cumprimento sobre a pena total, ou seja, mais de 1/3 ou 1/2 (se reincidente) da pena total, no caso de livramento condicional.

16.2. Requisito subjetivo

Com o advento da Lei 10.792/2003 o art. 112 da LEP passou a ter a seguinte redação:

> A pena privativa de liberdade será executada em forma progressiva com a transferência para regime menos rigoroso, a ser determinada pelo juiz, quando o preso tiver cumprido ao menos um sexto da pena no regime anterior e ostentar bom comportamento carcerário, comprovado pelo diretor do estabelecimento, respeitadas as normas que vedam a progressão.
> § 1º A decisão será sempre motivada e precedida de manifestação do Ministério Público e do defensor.
> § 2º Idêntico procedimento será adotado na concessão de livramento condicional, indulto e comutação de penas, respeitados os prazos previstos nas normas vigentes.

A partir da vigência da Lei 10.792/2.003, os requisitos para progressão de regime e livramento condicional passaram a ser *idênticos*, exceto o objetivo, que diz com os prazos específicos expressamente ressalvados. O art. 83, parágrafo único, do CP, foi revogado.

Sobre a desnecessidade de laudos, aplica-se aqui o que foi dito a respeito dos requisitos da progressão de regime (13.1).

Quanto aos requisitos da parte final do inciso III do mencionado artigo ("bom desempenho no trabalho que lhe foi atribuído e aptidão para prover a própria subsistência mediante trabalho honesto"), já não vigoram, diante da nova lei, e, de fato, jamais, razoavelmente, poderiam ter sido exigidas. A explicação é simples e decorre de fatos de conhecimento geral: não há atribuição de trabalho à imensa maioria das pessoas que cumprem penas privativas de liberdade. Admitir como verdadeiro o pressuposto de que o apenado "não se interessou pela sua qualificação profissional" equivale a imaginar que estamos tratando do sistema penitenciário sueco e não das casas de horror que recebemos como herança. Instituições onde, por exemplo, bater a porta da cela é considerado uma "falta grave", enquanto permitir que um condenado seja entregue ao frio e à fome, ao convívio com os insetos, à intimidade com os esgotos, à submissão diária e constante ao sofrimento e a toda sorte de humilhações é considerado uma "limitação objetiva".

Por fim, o art. 112, § 2º, da LEP, não prevê a oitiva do Conselho Penitenciário no novo procedimento, entendendo-se também como tacitamente revogado o art. 131 da LEP, porque incompatível com as modificações trazidas pela Lei 10.792/03.

Basta, então, para que o apenado alcance a liberdade condicionada, tenha implementado o requisito objetivo do tempo de cumprimento da pena e que ostente bom comportamento carcerário, atestado pelo diretor do estabelecimento.

É necessário que o atestado do diretor seja fundamentado, para que seja possível averiguar se não está divorciado da realidade, evitando-se, com isso, favorecimentos ou perseguições pessoais. É inaceitável, por exemplo, que a autoridade administrativa ateste conduta inadequada do preso, se nada consta contra ele em seu prontuário, se não foi punido por falta disciplinar, regularmente apurada em procedimento administrativo homologado em juízo. A recíproca é verdadeira: é inconcebível, como já afirmou-se, que o diretor do estabelecimento penal ateste conduta plenamente satisfatória de apenado que foi recentemente punido pela prática de falta grave, regularmente apurada, submetido o procedimento administrativo ao juízo da execução.

16.3. Livramento condicional e princípio da progressividade

Consagram o princípio da progressividade na execução das penas privativas de liberdade os arts. 33, § 2º, do CP e 112, *caput*, da LEP. De regra, então, o livramento condicional pressupõe que o condenado tenha alcançado transferência para regime menos rigoroso do que o estabelecido na sentença condenatória, especialmente se o regime for o fechado e exceto, obviamente, se for o aberto. Abstratamente, isso poderia ocorrer de modo natural, na medida em que o tempo mínimo de cumprimento da pena para a liberdade condicionada é superior ao dobro daquele previsto para a progressão de regime.

Não há na lei, todavia, disposição expressa que proíba a concessão direta do livramento condicional e a regra da execução da pena em forma progressiva comporta exceções. Não raro, o juiz da execução se depara com situações fáticas que tornam desaconselhável ou mesmo incabível a observância do princípio. Assim ocorre, apenas para exemplificar, com o condenado incapacitado permanentemente de deambular (paraplégico ou tetraplégico), com o que sofre de séria deficiência visual e com aquele acometido de doença grave e irreversível, que exige cuidados especiais não proporcionados pelo sistema prisional. Também ocorre com o condenado que permaneceu esquecido no fundo de uma galeria, e nessa situação de absoluta ilegalidade cumpriu quase que integralmente a pena.

Há ainda casos de presos que são obrigados a fugir assim que alcançam a progressão e são transferidos para estabelecimento compatível com o novo regime. Isso acontece, muitas vezes, em função da rejeição pelos demais apenados e das ameaças de morte, que tornam impossível a convivência. Geralmente a rejeição decorre do fato de o preso ter sido condenado por crime sexual praticado contra criança ou de ter servido, de qualquer forma, ao sistema. É comum que os motivos estejam conjugados, porque, no cárcere, o sistema costuma se utilizar exatamente dos condenados que não são aceitos pelos demais.

Nessas situações e em inúmeras outras, a observância do princípio da progressividade poderá ser inútil, desnecessária, injusta ou inexigível, justificando-se o rompimento com a regra.

16.4. Revogação

Os arts. 86 e 87 do CP, aos quais simplesmente se reporta o art. 140, *caput*, da LEP, dispõem sobre a revogação (obrigatória e facultativa) do livramento condicional, que será decretada a requerimento do Ministério Público, mediante representação do Conselho Penitenciário ou de ofício pelo juiz da execução, sempre com a prévia oitiva do liberado (art. 143 da LEP), observados os princípios do contraditório e da ampla defesa, sob pena de nulidade da decisão.

Nos casos de revogação obrigatória (art. 86 do CP), é dispensável a prévia oitiva pessoal do liberado, mas não, obviamente, a da defesa.

Nas hipóteses de revogação facultativa (art. 87 do CP), além da defesa técnica, o juiz deverá ouvir pessoalmente o liberado, designando audiência para a qual deverá ser regularmente intimado. Se o liberado não for encontrado no último endereço que indicou (obrigação facultativa prevista no art. 132, § 2º, *a*, da LEP) ou noutro em que possa estar, a intimação para a audiência será feita por edital. Se o liberado, regularmente intimado, não comparecer e for revogado o livramento condicional, tão logo seja preso, o juiz deverá ouvi-lo em audiência para que exponha pessoalmente suas razões, das quais a defesa técnica, presumivelmente, não tinha conhecimento quando de sua manifestação. Isso poderá propiciar o restabelecimento do benefício, se necessário, com modificação das condições (art. 144 da LEP). Não se trata de nova concessão do livramento condicional, mas de reforma da decisão, diante da justificativa apresentada pelo próprio liberado. A decisão revogatória, portanto, até que à ampla defesa seja dada a dimensão que se impõe, terá caráter provisório.

A revogação decorrente de condenação por outro crime ou por contravenção estará sempre condicionada ao trânsito em julgado da sentença.

16.4.1. Revogação obrigatória

A primeira hipótese de revogação obrigatória do livramento condicional é a de condenação do liberado a pena privativa de liberdade, em sentença irrecorrível, "por crime cometido durante a vigência do benefício" (inciso I do art. 86 do CP).

Não basta para a revogação mera notícia da prática de nova infração penal, como evidencia o próprio dispositivo legal, porque vigora o princípio da presunção de inocência. É defeso, ademais, ao juiz da execução exercer atividade de exclusiva competência do juiz do processo de conhecimento, decretando espécie de prisão cautelar não prevista em lei, o que ocorreria com a revogação antecipada do benefício. Nesse passo, não foi recepcionado pela nova ordem constitucional (CF/88) o art. 145, parte inicial, da LEP, que facultava ao juiz, "praticada pelo liberado outra infração penal", decretar sua prisão.

Se a imputação de nova infração penal ao liberado, entretanto, estiver associada a circunstância que sugira o descumprimento de alguma das condições especificadas pelo juiz quando da concessão do livramento condicional (art. 132 da LEP), a revogação do benefício poderá ser decretada, com fundamento no art. 87, primeira parte, do CP. A causa, então, não residirá na prática de novo crime, mas no descumprimento de obrigação assumida.

Também é indispensável para a revogação que a pena imposta seja privativa de liberdade. Sendo outra a pena, a hipótese será de revogação facultativa (art. 87, segunda parte, do CP).

A revogação igualmente deixará de ser obrigatória se, não obstante a reincidência ou a ciência de que o réu se encontra em liberdade condicional, o juiz do processo de conhecimento, em sentença irrecorrível, aplicar a substituição da pena privativa de liberdade (art. 44 do CP) ou conceder a suspensão condicional (art. 77 do CP). Por vezes, os drásticos efeitos da revogação acabam por tornar desproporcional a medida, diante da prática de um novo crime que não seja revestido de maior gravidade, e nada impede a execução simultânea dos benefícios.

A segunda e última hipótese de revogação obrigatória do livramento condicional é a de condenação do liberado a pena privativa de liberdade, em sentença irrecorrível, "por crime anterior, observado o disposto no art. 84" do Código Penal (inciso II do art. 86 do CP).

Também no caso do inciso II (ambos estão, obviamente, subordinados ao *caput*), são indispensáveis para a revogação a condenação a pena privativa de liberdade e o trânsito em julgado da sentença.

A época do crime é de extrema importância, e não foi sem razão que o legislador separou em incisos os dois casos de revogação obrigatória do livramento condicional. Os efeitos de um caso e de outro são completamente diversos (art. 88, segunda parte, do CP e arts. 141 e 142 da LEP).

O crime "anterior à vigência do livramento condicional", pode ter sido cometido antes ou no curso (com ou sem solução de continuidade) da execução da pena, em relação à qual o benefício foi concedido.

Segundo a regra do art. 84 do CP, ao qual remete o inciso II, em análise, as penas que correspondem a infrações diversas devem ser somadas. Embora não haja ressalva no mencionado dispositivo legal, persiste, se a nova condenação tiver sido imposta por crime cometido antes do início do cumprimento da pena, a possibilidade de unificação das penas pelo reconhecimento da continuidade delitiva (art. 71 do CP). Nesse caso, a revogação somente será decretada se, com o aumento correspondente ao crime continuado, o liberado ainda não tiver implementado o requisito objetivo, de cumprimento de mais de 1/3 da pena, se não for reincidente, ou de mais da metade, se reincidente, ressalvadas as particularidades atinentes aos crimes hediondos ou equiparados.

Não sendo o caso de unificação pela continuidade delitiva, as privativas de liberdade aplicadas, em face dos crimes cometidos antes do início do cumprimento da pena, serão, aí sim, simplesmente somadas. Sem alteração da data-base (v. "Soma e Unificação das Penas"), o juiz, do mesmo modo, verificará a partir do resultado se o liberado já implementou o requisito objetivo para o livramento condicional, mantendo ou revogando o benefício, conforme o caso. É importante destacar que a data a ser considerada para a verificação da satisfação do requisito objetivo é a da decisão do juiz. Afinal, o tempo de liberdade condicional estará sendo computado como pena cumprida e não teria o menor sentido, fosse adotada data pretérita, revogar o benefício num dia e voltar a concedê-lo no outro.

Se a nova condenação tiver sido imposta por crime anterior à concessão do benefício, mas cometido no curso do cumprimento da pena (sem interrupção), a privativa de liberdade correspondente será somada ao saldo da pena anterior, desprezado o período até então cumprido (arts. 75, § 2º, do CP e 111, parágrafo único, da LEP). Nesse caso, há alteração da data-base, que passa a ser a do dia da prática do novo crime. Essa data, portanto, assinalará o período já cumprido a ser desprezado, será o marco para o cálculo do saldo e a base para o cômputo dos lapsos temporais (v. "Soma e Unificação das Penas"). Igualmente, a partir do resultado, o juiz verificará se na data da decisão o liberado cumpriu o tempo necessário para o livramento condicional, mantendo ou revogando o benefício.

O mesmo procedimento será adotado no caso de crime anterior ao livramento condicional, cometido no curso do cumprimento da pena, mas com solução de continuidade (fuga). A única diferença é quanto à data-base para os cálculos, que passará a ser a da recaptura imediatamente posterior ao período de fuga, durante o qual foi praticado o crime.

16.4.2. Revogação facultativa

A primeira hipótese de revogação facultativa do livramento condicional é a do liberado "deixar de cumprir qualquer das obrigações constantes da sentença" (art. 87, parte inicial, do CP) que concedeu o benefício. As alíneas do § 1º do art. 132 da LEP relacionam as condições que serão "sempre impostas" (obrigatórias), e as alíneas do § 2º do mesmo artigo as que, entre outras, "poderão ainda ser impostas" (facultativas). Ao estabelecer condições facultativas, o juiz levará em conta as condições pessoais do condenado, assim como circunstâncias que possam ter contribuído para que praticasse o crime. As condições não obrigatórias podem ser modificadas a qualquer tempo, ouvidos o Ministério Público (se não for o requerente) e o liberado (art. 144 da LEP), de acordo com as necessidades, sendo amenizadas, agravadas ou simplesmente adaptadas a alguma situação fática que esteja obstaculizando ou dificultando o cumprimento nos termos originalmente impostos.

Os drásticos efeitos da revogação exigem redobrada cautela do juiz. Somente deve ser decretada se o liberado não conseguir justificar o descumprimento da obrigação e restar evidenciado que está agindo, deliberadamente, de modo a frustrar a correta execução. Nenhum juiz, por certo, revogará o livramento condicional, por não ter o liberado obtido ocupação lícita, tendo consciência da situação de absoluta injustiça social do País, que por suas políticas econômicas só faz aumentar a população excluída, a legião de desempregados, de pessoas que não têm acesso aos meios de sobrevivência, aos bens mais elementares da vida. Também não revogará o benefício se, além disso, tiver consciência do preconceito que vigora em relação aos egressos do sistema prisional. Da mesma forma, se o liberado deixar de comunicar previamente a mudança de residência, ou de se recolher à habitação na hora fixada, se não tem onde morar, se a "habitação" for sob a ponte de uma Avenida Ipiranga.

A segunda hipótese de revogação facultativa do livramento condicional é a de o liberado ser "irrecorrivelmente condenado, por crime ou contravenção, a pena que não seja privativa de liberdade" (art. 87, parte final, do CP). Dificilmente nesse caso eventual revogação, por suas consequências, deixará de violar o princípio da proporcionalidade. Se a pena imposta não é privativa de liberdade, não estará revestido de gravidade que justifique a opção pela revogação, o novo crime, quanto mais a contravenção. É necessário levar em conta que o tempo em que esteve solto o condenado (talvez vários anos) não será descontado da pena (arts. 88 do CP e 142 da LEP) e que, independentemente disso, o término pode estar distante.

Em qualquer dos casos de revogação facultativa do livramento condicional, a opção inicial deve recair sobre a simples advertência do liberado ou, quando muito, o agravamento das condições (art. 144 da LEP), reservada a medida extrema para as situações realmente insuperáveis.

16.4.3. Efeitos da revogação

Revogado o livramento condicional, o juiz deverá estabelecer o regime de cumprimento da pena e determinar, se necessário, a expedição de mandado de prisão.

Fundada a revogação em condenação a pena privativa de liberdade, por crime cometido durante a vigência do benefício (art. 86, I, do CP), e estabelecido na sentença o regime fechado, este é o regime que vigorará no início da execução. Se outro for o regime fixado na sentença (aberto ou semi-aberto), caberá ao juiz da execução proceder à soma da pena correspondente à nova condenação ao saldo da anterior, desprezado o tempo cumprido até o deferimento do benefício (arts. 111, parágrafo único, da LEP e 75, § 2º, do CP), na medida em que, na hipótese, "não se desconta na pena o tempo em que esteve solto o condenado" (arts. 88 do CP e 142 da LEP). A partir do resultado, observando as alíneas do § 2º do art. 33 do CP, o juiz da execução estabelecerá o regime. A única possibilidade de vigorar, a partir de então, regime menos rigoroso do que o fixado na nova sentença é a de o apenado, preso cautelarmente, tê-lo alcançado por progressão, em execução provisória. O juiz da execução não estará com isso alterando disposição da sentença que se tornou definitiva, apenas mantendo benefício concedido. É óbvio que, havendo execução provisória, se a pena for alterada em grau de recurso, o juiz da execução terá que proceder às correções necessárias, inclusive tornando sem efeito eventual progressão de regime, se desaparecer com o aumento da pena o requisito objetivo (v. "PEC Provisório" e "Soma e Unificação das Penas").

Na revogação facultativa do livramento condicional, o regime de cumprimento da pena, em princípio, deverá ser o que vigorava ao tempo da concessão do benefício. É incabível estabelecer regime mais rigoroso, mas é possível fixar regime menos rigoroso. Afinal, se o apenado satisfazia os requisitos para obter o benefício maior da liberdade condicionada, também preenchia os da progressão de regime.

O art. 88 do CP dispõe: "Revogado o livramento, não poderá ser novamente concedido, e, salvo quando a revogação resulta de condenação por outro crime anterior àquele benefício, não se desconta na pena o tempo em que esteve solto o condenado".

O dispositivo legal transcrito parece sugerir que, em qualquer hipótese de revogação, é vedada nova concessão do benefício e, salvo na decorrente de condenação por crime anterior (art. 86, II, do CP), o período de prova não é computado como pena cumprida. O art. 141 da LEP ratifica que, no caso de revogação "motivada por infração penal anterior" (v.g. condenação por infração penal anterior) à vigência do livramento, "computar-se-á como tempo de cumprimento da pena o período de prova". O mesmo artigo, no entanto, esclarece em sua parte final que, na mesma hipótese, é "permitida, para a concessão de novo livramento, a soma do tempo das duas penas". A interpretação conjunta, portanto, não deixa dúvida sobre a possibilidade de ser novamente concedido o livramento condicional revogado em face de condenação a pena privativa de liberdade, por crime anterior ao deferimento do benefício.

Já o art. 142 da LEP dispõe: "No caso de revogação por outro motivo, não se computará na pena o tempo em que esteve solto o liberado, e tampouco se concederá, em relação à mesma pena, novo livramento". O texto legal esclarece, assim, que a impossibilidade de concessão de novo livramento refere-se "à mesma pena", vale dizer, à pena que vinha sendo cumprida, não atingindo a imposta pelo crime cometido durante a vigência do benefício. Também evidencia que nesse caso, de revogação fundada no art. 86, I, do CP, o tempo em que esteve o apenado usufruindo a liberdade condicionada, não é computado como pena cumprida.

Resta saber se as vedações, de novo livramento e de cômputo do tempo em que esteve solto o condenado como pena cumprida, são aplicáveis na hipótese de revogação fundada no art. 87 do CP (facultativa). A interpretação conjunta dos dispositivos legais e os princípios da razoabilidade e da proporcionalidade revelam que não, que os arts. 88 do CP e 142 da LEP referem-se, apenas, aos casos de revogação obrigatória do livramento condicional (art. 86 do CP).

Imagine-se que dois apenados("A" e "B"), condenados a privativas de liberdade de 9 anos de reclusão, tenham obtido progressão para o regime semi-aberto com 1/6 da pena. Durante saída temporária, exatamente quando completava 2 anos de cumprimento da pena, "A" pratica outro crime, sem que haja prisão cautelar, ignorada, de início, a autoria. Tendo cumprido 1/3 das penas (3 anos) e sendo primários, ambos alcançam o livramento condicional e cumprem as condições impostas durante 5 dos 6 anos de período de prova. Aporta então, na vara de execuções criminais, nova condenação sofrida por "A", à pena de 4 anos de reclusão, pelo crime praticado antes da vigência do livramento condicional. Ao mesmo tempo, "B" deixa de cumprir condição imposta. O juiz revoga os benefícios, fundado, em relação a "A", no art. 86, II, do CP, e, no que concerne a "B", no art. 87 do CP. Somada a pena correspondente à nova condenação (4 anos) ao saldo da anterior (7 anos), verificado na data em que foi praticado o crime, de conformidade com os arts. 111, parágrafo único, da LEP e 75, § 2º, do CP (v. "Soma e Unificação das Penas"), "A" teria que cumprir 11 anos de reclusão. No entanto, como se encontrava em livramento condicional, cumpriu as condições impostas e o crime foi cometido antes da vigência do benefício, o período em que esteve solto (5 anos) deve ser computado como pena cumprida (arts. 88 do CP e 141 da LEP). Assim, "A" terá que cumprir 6 anos de reclusão e poderá obter novo livramento. Quanto a "B", a vigorar o entendimento segundo o qual os arts. 88 do CP e 142 da LEP incidem na hipótese de revogação facultativa, teria ainda que cumprir, igualmente, 6 anos de reclusão (o benefício foi concedido com 1/3 dos 9 anos da pena) e não mais poderia obter o livramento condicional, isso porque, digamos, mudou do território da comarca, sem prévia autorização do juiz (art. 132, § 1º, "c", da LEP). Prevalecendo o entendimento de que os dispositivos legais em análise não se aplicam no caso de revogação facultativa do livramento, "B" teria a cumprir (fosse o caso de revogação) 1 ano de reclusão.

Esse tipo de situação é rotineira nas varas de execuções criminais. Não é justo, nem jurídico, pretender equiparar a situação do liberado que, simplesmente, descumpriu condição do livramento com a daquele que voltou a delinquir durante o período de prova. No mínimo, na revogação facultativa, devem ser aplicados os efeitos previstos para a decorrente de superveniência de condenação por crime anterior à vigência do benefício.

Em resumo, nas hipóteses de revogação facultativa do livramento condicional (art. 87 do CP), o benefício pode ser novamente concedido e o período de prova corretamente adimplido deve ser computado, a exemplo do que ocorre na conversão da pena restritiva de direitos em privativa de liberdade (art. 44, § 4º, segunda parte, do CP), como pena cumprida.

16.5. Suspensão

O art. 89 do CP veda a declaração de extinção da pena, "enquanto não passar em julgado a sentença em processo a que responde o liberado, por crime cometido na vigência do livramento".

Esse dispositivo legal, embora sem menção expressa, trata da suspensão do livramento condicional. É o que esclarece o art. 145 da LEP: "Praticada pelo liberado outra infração penal, o juiz poderá ordenar a sua prisão, ouvidos o Conselho Penitenciário e o Ministério Público, suspendendo o curso do livramento condicional, cuja revogação, entretanto, ficará dependendo da decisão final".

Como já foi dito, a parte inicial do art. 145 da LEP não foi recepcionada pela nova ordem constitucional, porque vigoram os princípios da presunção de inocência, do devido processo legal e do juiz natural. Deflui, no entanto, do texto do mencionado artigo que a suspensão do livramento tem lugar somente quando o liberado sofrer prisão cautelar. A suspensão deverá ser declarada pelo juiz da execução, a partir do momento em que tomar conhecimento da prisão do liberado, ouvidos o Ministério Público e a defesa, e perdurará enquanto vigorar a prisão provisória, com a qual o benefício não pode coexistir. A prisão cautelar poderá ter sido decretada em processo a que responde o liberado, por crime cometido na vigência do livramento, como preveem os dispositivos em análise, ou antes de ter sido concedido o benefício. A hipótese não prevista também acarreta a impossibilidade de cumprimento das condições impostas quando do deferimento do benefício.

A suspensão do livramento não acarreta obrigação de o apenado compensar ou continuar cumprindo as condições impostas, depois de findo o tempo previsto de vigência do benefício. Ocorre que o liberado estava impedido de cumprir as condições e o tempo de prisão cautelar deverá ser computado como pena cumprida, quer sobrevenha condenação, quer seja absolvido (art. 42 do CP).

16.6. Extinção da pena privativa de liberdade

O art. 90 do CP dispõe: "Se até o seu término o livramento não é revogado, considera-se extinta a pena privativa de liberdade".

E o art. 146 da LEP estatui: "O juiz, de ofício, a requerimento do interessado, do Ministério Público ou mediante representação do Conselho Penitenciário, julgará extinta a pena privativa de liberdade, se expirar o prazo do livramento condicional sem revogação".

A extinção da pena privativa de liberdade, pelo término do período de prova, ocorre por força da lei, de modo que a manifestação formal do juiz a respeito tem caráter declaratório e seus efeitos retroagem à data da expiração do prazo. Não importa, então, que o liberado tenha descumprido as condições impostas. Mesmo que esteja em andamento o procedimento para a revogação, se não for decretada antes de findo o prazo do livramento condicional, a pena privativa de liberdade estará extinta.

Obviamente, se o livramento condicional foi suspenso (arts. 89 do CP e 145 da LEP) não estará formalmente findo o prazo enquanto não cessar a causa da suspensão, qual seja, a prisão cautelar. Revogada a prisão no processo de conhecimento, o apenado retomará o cumprimento do livramento condicional até que expire o prazo ou sobrevenha sentença condenatória transitada em julgado.

16.7. Reativação da pena

Afirmou-se que a execução penal é extremamente dinâmica. A situação jurídica do condenado vai se modificando ao longo do cumprimento da pena, em função do tempo e dos fatos. É da própria natureza da execução que as decisões tenham, assim, caráter quase sempre provisório. Nesse passo, há situações em que, para evitar prejuízo ao condenado, mesmo a decisão que declara extinta a pena privativa de liberdade pelo cumprimento pode ser tornada sem efeito, ainda que tenha transitado em julgado.

É o que ocorre na hipótese de aportar na vara de execuções outra condenação, por crime cometido antes do início do cumprimento da pena declarada extinta, o que é comum nos padrões do Judiciário brasileiro.

Imagine-se que "A" tenha sido condenado a 6 anos de reclusão, por crime cometido em 1999, e que tenha iniciado o cumprimento da pena no regime fechado em 2000. Depois de cumprir 1/6, "A" alcança progressão de regime e com o cumprimento de metade da pena é beneficiado com a liberdade condicional. "A" cumpre com exatidão todas as condições impostas e não volta a delinquir. Expirado o prazo do livramento condicional sem revogação, o juiz, em 2006, declara extinta a pena privativa de liberdade. No ano seguinte, ingressa na vara de execuções uma outra condenação sofrida por "A", por crime cometido também em 1999, antes, portanto, do início do cumprimento da pena extinta. A nova pena é de 5 anos de reclusão e o regime é o inicialmente fechado.

Se for ignorada a pena extinta, "A", que se integrou à vida em sociedade, aderiu aos valores nela predominantes, está trabalhando honestamente e sustentando sua família, terá que arcar com o ônus das deficiências estruturais do Estado: 8 anos depois da prática do crime, será novamente preso, em regime fechado, para cumprir outra pena.

Por outro lado, sendo reativada a privativa de liberdade extinta, de 6 anos de reclusão, o juiz, em primeiro lugar, verificará se os crimes foram cometidos em continuidade delitiva (art. 71 do

CP), unificando, caso positivo, as penas. Se a hipótese não for de crime continuado, as penas serão somadas, totalizando 11 anos de reclusão. Como a nova condenação foi imposta por crime cometido antes do início do cumprimento da pena, não há alteração da data-base para o cálculo dos lapsos temporais. A partir do ano de 2000, computado o tempo em que esteve em liberdade condicional (arts. 88 do CP e 141 da LEP), "A" cumpriu 6 anos de reclusão, vale dizer, mais de metade da pena total de 11 anos de reclusão. Com isso, ainda que seja reincidente (art. 83, II, do CP), "A" poderá cumprir o saldo de 5 anos da pena em liberdade condicional.

Com a reativação da pena, medida tecnicamente correta, o juiz estará efetivando as disposições da sentença e observando a finalidade precípua da execução penal, de harmônica integração social do condenado (art. 1º da LEP), na hipótese, já alcançada.

17. Conversões da pena privativa de liberdade

A LEP prevê duas espécies de conversão da pena privativa de liberdade, tratadas como Incidentes da Execução (Titulo VII, Capítulo I). Originalmente, previa três, mas o art. 182 (conversão da pena de multa em detenção) foi revogado pela Lei 9.268, de 1º/4/1996. Restaram as conversões da privativa de liberdade em restritiva de direitos e em medida de segurança. As conversões serão processadas nos próprios autos do processo de execução, observados os princípios do contraditório e da ampla defesa, e o recurso cabível da decisão, como de resto de todas as proferidas pelo juiz da execução, será o de agravo (art. 197 da LEP), o que não afasta a possibilidade de impetração de *habeas corpus*, quando comprovado de plano constrangimento ilegal, decorrente de excesso ou desvio da execução (art. 185 da LEP).

17.1. Em restritiva de direitos

Para a conversão da pena privativa de liberdade em restritiva de direitos, medida que põe em liberdade o condenado, o art. 180 da LEP estabelece os seguintes requisitos: que a pena não seja superior a dois anos (*caput*); que o condenado esteja cumprindo a pena em regime aberto (inciso I); que tenha cumprido pelo menos um quarto da pena (inciso II); e que "os antecedentes e a personalidade do condenado indiquem ser a conversão recomendável" (inciso III).

Os requisitos são diversos daqueles previstos para a substituição das penas privativas de liberdade em restritivas de direitos (art. 44 do CP), exceto o que diz com os antecedentes e a personalidade do condenado, que poderiam indicar se é socialmente recomendável a substituição ou a conversão. Considerando que o Código Penal, ao tratar da substituição, diz que a medida é incabível se o réu for reincidente específico em crime doloso (art. 44, inc. II e § 3º), os antecedentes que consistem, segundo o inciso III do art. 180 da LEP, obstáculo objetivo à conversão são os assinalados também pela reincidência específica em crime doloso. O inciso III do art. 44 do CP refere-se ao caso específico em julgamento, no âmbito do qual o juiz do processo de conhecimento decidirá sobre a substituição. Assim, os antecedentes não caracterizadores da reincidência específica não podem ser valorados para obstacularizar a concessão do benefício da conversão, mesmo porque o condenado deverá satisfazer as demais exigências, dentre as quais a de cumprimento de um quarto da pena privativa de liberdade, não prevista para a substituição.

Por outro lado, o juiz não tem conhecimentos técnicos para tirar conclusões sobre se a personalidade do condenado indica ou não como recomendável a conversão, e é incabível, por falta de previsão legal, submeter o apenado a avaliação psicológica para decidir, especificamente, sobre o benefício. No aspecto prático, diante do requisito da quantidade da pena, fosse exigido laudo para avaliação da personalidade, o condenado acabaria por cumprir recolhido toda a privativa de liberdade, sem ver apreciado o pedido de conversão. De resto, pelo crime cometido foi estabelecida a devida retribuição, presumivelmente relacionada apenas com o fato.

A limitação objetiva da possibilidade de conversão à pena privativa de liberdade não superior a dois anos (art. 180, *caput*, da LEP), metade da prevista para a substituição (art. 44, I, do CP), pode ser explicada pelos seguintes fatores: a) a lei não exige para a conversão, ao contrário do que ocorre com a substituição, que o crime não tenha sido cometido com violência ou grave ameaça à pessoa; b) a reincidência não específica em crime doloso não constitui obstáculo à conversão, diversamente do que pode ocorrer com a substituição (art. 44, II e § 3º, do CP); para a pena igual ou superior a dois anos, a lei prevê a possibilidade de livramento condicional (art. 83 do CP).

Não impede a conversão a circunstância de o réu ter iniciado o cumprimento da pena em regime mais rigoroso, desde que a esteja cumprindo no regime aberto. Também será possível a conversão na hipótese de a execução da pena privativa de liberdade decorrer de conversão da restritiva de direitos (arts. 44, §§ 4º e 5º, do CP e 181 da LEP) ou de revogação da suspensão condicional (arts. 81 do CP e 162 da LEP), desde que o condenado efetivamente cumpra ¼ da pena privado da liberdade e satisfaça os demais requisitos do art. 180 da LEP.

A conversão da pena privativa de liberdade sempre ocorrerá por apenas uma restritiva de direitos. É o que deflui da interpretação literal do art. 180, *caput*, da LEP. A analogia em prejuízo do condenado é incabível, tanto quanto o é em relação ao acusado.

17.2. Em medida de segurança

O art. 183 da LEP dispõe:

> Quando, no curso da execução da pena privativa de liberdade, sobrevier doença mental ou perturbação da saúde mental, o juiz, de ofício, a requerimento do Ministério Público ou de autoridade administrativa, poderá determinar a substituição da pena por medida de segurança.

O legislador empregou equivocadamente a expressão "substituição". O correto seria "conversão", em face do capítulo em que está inserido o dispositivo legal e porque se trata de procedimento da fase de execução. A doença mental é superveniente. Pelo menos, presume-se que seja, porquanto não foi detectada no curso do processo de conhecimento e o agente foi condenado como imputável. Já a perturbação da saúde mental pode ter sido reconhecida na sentença, que condenou o agente como semi-imputável (art. 26, parágrafo único, do CP). Nesta hipótese, se a sentença deixou de substituir a pena privativa de liberdade por medida de segurança, na forma do art. 98 do CP, o juiz da execução poderá determinar a conversão, se motivo houver para tanto.

Pelas regras do Código Penal, se o agente for inimputável, isento portanto de pena (art. 26, *caput*), o juiz determinará sua internação, salvo se o fato previsto como crime for punível com detenção, hipótese em que poderá submetê-lo a tratamento ambulatorial (art. 97, *caput*). Se o agente for semi-imputável, o juiz aplicará a pena com a redução cabível (art. 26, parágrafo único), podendo substituí-la, igualmente, por internação ou tratamento ambulatorial, se o condenado necessitar de especial tratamento curativo (art. 98).

Na fase de execução, a necessidade de internação ou de tratamento ambulatorial não é determinada, exatamente, pelos mesmos critérios. O juiz levará em conta a natureza do crime que ensejou a condenação, o regime de cumprimento da pena no momento da constatação da enfermidade, a conduta carcerária do apenado até então e os elementos informativos do laudo psiquiátrico sobre a periculosidade do agente para estabelecer a medida de segurança adequada e suficiente. Assim, mesmo que a pena seja de reclusão, é possível que a conversão se dê por tratamento ambulatorial, que poderá, por sua vez, ser convertido em internação "se o agente revelar incompatibilidade com a medida" (art. 184, *caput*, da LEP) ou se "essa providência for necessária para fins curativos" (art. 97, § 4º, do CP).

A conversão da pena privativa de liberdade em medida de segurança não é obrigatória. É de certo modo comum o laudo psiquiátrico, apesar da constatação da superveniência de doença mental ou de perturbação da saúde mental, contraindicar a conversão, sob o argumento de que é desaconselhável o convívio das pessoas internadas no Instituto Psiquiátrico Forense (hospital de custódia e tratamento) com o apenado. Ocorrendo tal situação, o juiz pode deixar de determinar a conversão, mas deverá mandar propiciar ao condenado o tratamento necessário, no próprio estabelecimento onde se encontra.

Diferentemente do que ocorre na imposição de medida de segurança a inimputável, que se dá por tempo indeterminado (art. 97, § 1º, do CP), a conversão da pena privativa de liberdade não pode perdurar por tempo superior ao da pena aplicada, observada a detração (art. 42 do CP). Ocorre que a doença mental ou a perturbação da saúde mental é superveniente – provavelmente tenha como causas principais a privação da liberdade e as próprias condições do cárcere. O agente, portanto, era imputável ao tempo do crime. Fazer com que a medida de segurança subsista para além do tempo da pena imposta implica flagrante violação à coisa julgada. Por isso, quando está próximo o término da pena, a conversão em medida de segurança torna-se geralmente desaconselhável, inútil.

Pelo mesmo motivo de se tratar de doença superveniente, na conversão da pena privativa de liberdade em medida de segurança o juiz deve sempre estabelecer o prazo mínimo de um ano (art. 97, § 1º, parte final, do CP), desde que esse tempo não ultrapasse a data que estava prevista para o término da pena. A adoção do prazo mínimo encontra justificativa, também, na inocuidade de estabelecimento de prazo superior. Afinal, a qualquer tempo, "ainda no decorrer do prazo mínimo de duração da medida de segurança, poderá o juiz da execução, diante de requerimento fundamentado do Ministério Público ou do interessado, seu procurador ou defensor, ordenar o exame para que se verifique a cessação da periculosidade" (art. 176 da LEP).

Uma vez convertida a pena privativa de liberdade em medida de segurança, torna-se incabível a desconversão, por ausência de previsão legal. Assim, até a cessação da periculosidade, ou o advento da data que estava prevista para o término da pena, e a extinção da medida de segurança, a execução se dará nos moldes estabelecidos nos artigos 171-179 da LEP e 97, §§ 1º a 4º, e 99 do CP, ressalvadas as particularidades concernentes à conversão.

17.3. Isenção do pagamento da multa

O art. 182 da LEP e as disposições do art. 51 do CP, que previam a conversão da multa em detenção, foram revogados pela Lei 9.268, de 1º/4/96.

Transitada em julgado a sentença, a multa passa a ser dívida de valor, exequível pela Fazenda Pública, nos moldes da execução fiscal. A cobrança se dá, portanto, por meios extrapenais. Cumprida a pena privativa de liberdade e pendente apenas o pagamento da multa cumulativa, deve-se extrair a certidão, remetê-la à Procuradoria-Geral do Estado e extinguir o processo de execução criminal (PEC). Na Consolidação Normativa Judicial da Corregedoria-Geral da Justiça/RS (arts. 929 e 933-B) o procedimento é de baixa da pena privativa de liberdade, registrada apenas a execução da multa.

Na prática, a cobrança da multa revela-se dispendiosa para o Estado[5] e, de regra, inócua, pois o condenado pobre não tem meios para pagá-la.

Na execução da multa como dívida de valor, a realidade social brasileira tem demonstrado que, se algum bem houver passível de penhora, certamente a cobrança atingirá não somente os condena-

---

[5] Segundo a Exposição de Motivos das Leis Estaduais nº 9.298/91 e 10.044/93, a legislação objetivando o cancelamento da cobrança sistemática de créditos considerados irrisórios é editada em razão dos resultados desfavoráveis obtidos na relação custo/benefício; os custos fixos dos procedimentos administrativos e judiciais revelam-se maiores que o produto da cobrança. Ainda, objetiva viabilizar, pelo melhor aproveitamento dos recursos materiais e humanos, o efetivo e eficaz combate à sonegação fiscal e o inadimplemento de obrigações tributárias significativas.

dos, mas também seus familiares. Os arts. 5º, XLV, CF[6] e 5º, § 3º, da Convenção Americana sobre Direitos Humanos[7] consagram o princípio da intranscendência.[8]

É perfeitamente cabível, desta forma, a isenção do pagamento da multa imposta a condenado que não tenha meios para pagá-la, sem prejuízo do sustento próprio e da família.

A dispensa do pagamento da multa pode, ainda, ocorrer como forma de "compensação" pela privação de liberdade por tempo superior ao devido. Não que o dinheiro vá, de fato, compensar o sofrimento imposto pela exacerbação da pena. Seria absurdo pensar assim, talvez tão absurdo quanto exigir do egresso pagamento de multa depois de submetê-lo ao cumprimento da pena por tempo superior ao legalmente previsto.

Situações do tipo ocorrem com mais frequência do que se possa imaginar. Podem decorrer, apenas para exemplificar, de demora na atualização da guia de recolhimento ou na expedição de alvará de soltura; da remessa tardia de atestado de efetivo trabalho à Vara de Execuções; de demora na concessão de benefícios, tais como remição, indulto, comutação e livramento condicional; de dúvida da administração penitenciária sobre se o apenado deve, realmente, ser posto em liberdade; do desconhecimento sobre cancelamento de pena; e até mesmo, em alguns lugares, da circunstância de as autoridades ignorarem que o agente se encontra preso. Obviamente, quanto mais despreparo e desorganização maior é o número de problemas.

---

[6] "Nenhuma pena passará da pessoa do condenado, podendo a obrigação de reparar o dano e a decretação do perdimento de bens ser, nos termos da lei, estendidas aos sucessores e contra eles executadas, até o limite do valor do patrimônio transferido."

[7] "A pena não pode passar da pessoa do delinqüente."

[8] "Nunca se pode interpretar uma lei penal no sentido de que a pena transcende da pessoa que é autora ou partícipe do delito. A pena é uma medida de caráter estritamente pessoal, em virtude de consistir numa ingerência ressocializadora sobre o apenado. Daí que se deva evitar toda conseqüência da pena que afete a terceiros." ZAFFARONI, Eugenio Raúl. PIERANGELLI, José Henrique. *Manual de Direito Penal Brasileiro*: Parte Geral. 4ª ed. São Paulo: Ed. Revista dos Tribunais, p. 176-177.

18. Interdição de estabelecimentos penais

A interdição de estabelecimentos penais pode ser total ou parcial (art. 66, VIII, da LEP). Total é aquela em que, diante de omissão da autoridade administrativa, o juiz ordena a remoção de todos os presos do estabelecimento. Geralmente, ocorre em face da falta de estrutura do prédio para abrigar as pessoas presas, por condições insalubres e por oferecer risco à integridade física.

Apesar das péssimas condições da maioria dos presídios, a interdição total é rara. A medida, quando adotada, quase sempre decorre de iniciativa do Poder Executivo e envolve interesses diversos daqueles relacionados simplesmente com o cumprimento da lei e com o oferecimento de condições minimamente decentes ao cidadão preso. O Judiciário, o Ministério Público e os demais órgãos da execução penal, com honrosas exceções, historicamente, silenciam frente à situação, por mais terrível que seja.

O procedimento que pode redundar em interdição total ou parcial, que envolva necessidade de remoção de um número elevado de presos para outro estabelecimento, instaura-se por requerimento fundamentado do Ministério Público, de outro órgão da execução, de qualquer pessoa ou entidade que detenha legítimo interesse ou por iniciativa do juiz da execução.

Na hipótese de requerimento, o juiz mandará autuar o pedido, ouvirá o Ministério Público, se ele próprio não for o requerente, dará ciência ao Estado para intervir, querendo, e determinará a produção das provas que forem necessárias. Por fim, proferirá decisão.

Se a iniciativa for da autoridade judiciária, o procedimento instaura-se com a expedição de portaria. Nela, o juiz da execução exporá, resumidamente, as razões da possibilidade de interdição e determinará o caminho a ser seguido, sendo indispensáveis a oitiva do Promotor de Justiça e a intimação do Estado.

Se o juiz constatar a existência de risco iminente de dano grave, irreparável ou de difícil reparação, determinará, de imediato e independentemente da oitiva de quem quer que seja, as providências cabíveis para evitá-lo. Afinal, se há o risco de desabar o prédio ou se todas as celas de determinado pavilhão estão inundadas, por exemplo, não parece razoável ficar no aguardo do cumprimento de todas as formalidades para, então, tomar providências.

É conveniente, sempre que possível, que o juiz instrua a portaria com documentos, especialmente, levantamento fotográfico da situação verificada.

Caso decrete a interdição, o juiz disporá sobre o prazo para remoção dos presos e, se possível, dirá sobre o local de destino. Convém que, concomitantemente à decisão, o juiz expeça provimento administrativo, expondo, em resumo, as razões da interdição e as providências que determinou.

Já na interdição de celas ou galerias, o que ocorre, de regra, em razão de insalubridade, se o problema envolver número reduzido de presos ou puder ser resolvido com remoções internas, o procedimento é singelo. Basta que o juiz, dizendo que verificou pessoalmente a situação ilegal, edite provimento, determinando o que for cabível.

Há, ainda, a interdição parcial, por meio da qual, diante de problema de superlotação, o juiz simplesmente proíbe o ingresso de outros presos no estabelecimento ou o condicione à saída de outros. Nesse caso, é indispensável que o juiz exija relatórios periódicos da autoridade administrativa para fazer cumprir, efetivamente, o ato de interdição.

Outra forma de interdição parcial é aquela que objetiva a individualização da pena. Por meio dela, o juiz determina a separação dos presos condenados dos provisórios e a distribuição em estabelecimentos distintos, de acordo com o que exige o art. 5º, XLVIII, da Constituição Federal.

19. Inspeção e apuração de responsabilidade

Quando da inspeção mensal aos estabelecimentos penais, ou em qualquer momento que para eles se desloque, por qualquer motivo, mas especialmente em razão de notícia (denúncia) de ocorrência de fato grave, o juiz, constatando irregularidades, tomará providências para o adequado funcionamento, sempre objetivando o correto cumprimento da pena e da medida de segurança (art. 66, VI e VII, da LEP). As providências dependem da natureza do problema verificado, mas pode ocorrer, nos casos mais graves, que o juiz tenha que promover (ou seja, impulsionar) a apuração de responsabilidade. Os exemplos típicos são os de tortura, agressões e humilhações impostas a presos. Nessas hipóteses, não necessariamente pela ordem, deve o juiz ouvir e levar a termo as declarações dos atingidos pelo ato, solicitando que indiquem os nomes das pessoas que o presenciaram; determinar, quando verificar a presença de lesões corporais, o encaminhamento dos presos a exame de corpo de delito; requisitar a abertura de inquérito policial ou comunicar o fato ao Ministério Público, para que tome as providências cabíveis; levar o fato ao conhecimento da autoridade administrativa hierarquicamente superior ao indicado autor do fato; tomar medidas para resguardar a integridade física do preso, de preferência, atribuindo a responsabilidade, por escrito, ao diretor do estabelecimento, se não for ele o acusado; determinar seja proporcionado atendimento médico ao preso, se reclamado ou se verificada a necessidade.

É ainda interessante fazer com que o fato chegue ao conhecimento da imprensa, resguardando os nomes dos envolvidos, e a órgãos e entidades comprometidos com os Direitos Humanos. Tal medida, além de inibir ideias de vingança contra os presos, revela o presídio, torna públicos fatos que, geralmente, sequer são apurados, resguarda a pessoa do juiz e implica prestação de contas à sociedade.

20. Procedimento e recurso

Segundo dispõe o art. 194 da LEP, o procedimento correspondente às situações nela previstas será sempre judicial (mesmo que a matéria tenha natureza administrativa), desenvolvendo-se perante o juízo da execução. Assim, ainda que a Lei preveja a competência da autoridade administrativa em determinados casos, como o da concessão do serviço externo (art. 37, *caput*) e da aplicação de certas sanções (art. 54, *caput*), a atividade jurisdicional jamais poderá ser suprimida ou delegada, cabendo a palavra final ao Judiciário.

O processo de execução criminal inicia-se com o recebimento de peças do processo de conhecimento pelo juízo da execução. A remessa deve ser feita oficialmente, independentemente do trânsito em julgado da sentença condenatória, desde que o condenado esteja ou deva ser preso (remeto ao comentário sobre o PEC provisório). Caso o juiz do processo de conhecimento deixe de remeter, de ofício, as peças necessárias à formação do PEC definitivo ou provisório, estando o condenado preso, cabe ao juiz da execução solicitá-las ou a qualquer interessado requer a providência. A omissão, por impedir a instauração da fase de execução, configura constrangimento ilegal e enseja impetração de *habeas corpus*.

O procedimento judicial correspondente às situações que envolvam o condenado pode ser iniciado "de ofício, a requerimento do Ministério Público, do interessado, de quem o represente, de seu cônjuge, parente ou descendente, mediante proposta do Conselho Penitenciário, ou, ainda, da autoridade administrativa" (art. 195). É necessário lembrar que, a partir da vigência da CF/88, equipara-se ao cônjuge o companheiro ou companheira. A petição é, simplesmente, juntada aos autos para processamento do pedido, mesmo que se trate de incidente da execução. Se for manifestamente incabível o pedido, o juiz poderá indeferi-lo de plano. Cabe, ainda, ao juiz evitar que pedidos idênticos sejam recebidos simultaneamente, o que pode criar tumulto, desviando o processo do rumo correto.

 Da decisão proferida pelo juiz, o recurso cabível será o de agravo, sem efeito suspensivo (art. 197 da LEP), exceto na hipótese de desinternação ou de liberação condicional da pessoa submetida a medida de segurança (arts. 178 da LEP e 97, § 3º, do CP), caso em que a expedição da ordem correspondente depende do trânsito em julgado da sentença (art. 179 da LEP).

 O agravo em execução segue o procedimento do recurso em sentido estrito (arts. 587 a 589 do CPP). Será, portanto, interposto no prazo de 5 dias (art. 586, *caput*, do CPP), salvo se pela Defensoria Pública, que tem prazo em dobro (art. 5º, § 5º, da Lei 1060/50).

 O prazo para a interposição do agravo corre na forma do art. 798 do CPP. O Ministério Público, a Defensoria Pública e o defensor nomeado pelo juiz serão sempre intimados pessoalmente das decisões. É indispensável a intimação pessoal do condenado das decisões que lhe forem desfavoráveis, no todo ou em parte. No ato de intimação, o condenado será cientificado do direito a recurso e poderá manifestar de imediato sua inconformidade, hipótese em que a defesa será intimada para o oferecimento de razões. A manifestação do condenado de que não deseja recorrer não impede a defesa técnica de interpor o agravo, já que o advogado é quem detém os conhecimentos técnicos para decidir sobre a conveniência de submeter a decisão ao juízo de retratação e ao Tribunal.

 Na Vara de Execuções Criminais de Porto Alegre/RS, com jurisdição sobre vários estabelecimentos penais, os Juízes, de comum acordo com a autoridade administrativa da Superintendência dos Serviços Penitenciários, órgão vinculado à Secretaria de Justiça e Segurança, adotaram a forma de intimação pessoal dos condenados mediante a expedição de mandados. A partir de então, os oficiais de justiça encarregados do cumprimento, uma vez por semana, em dia e horário previamente marcados, deslocam-se até as casas prisionais, inclusive e especialmente às penitenciárias, onde intimam os condenados, entregando-lhes cópias das decisões. Essa providência simples pôs fim a uma série de problemas, que afetavam a segurança, a celeridade dos processos e acarretavam imensos e inúteis gastos para o Estado. Dezenas, às vezes, centenas de presos eram conduzidos e apresentados semanalmente na Vara de Execuções para serem intimados das decisões judiciais, quase sempre transcorridos vários meses das datas em que tinham sido proferidas. Fugas e notícias sobre planos de resgate eram constantes. Muitos presos retornavam feridos aos estabelecimentos, ora dizendo terem sido agredidos pelos agentes penitenciários que os escoltaram, ora afirmando que as agressões partiam de condenados pertencentes a facções rivais. Essa irracionalidade foi substituída pelo deslocamento de apenas um oficial de justiça para o cumprimento dos mandados extraídos assim que proferidas as decisões.

Têm legitimidade para recorrer o Ministério Público, a defesa técnica, o próprio condenado e, na hipótese de procedimento de interdição de estabelecimento penal, também o Estado.

O assistente da acusação não detém legitimidade para intervir no processo de execução criminal. O poder de privar ou restringir a liberdade do cidadão ou de tomar providências para tanto é exclusivo do Estado e indelegável.

Índice alfabético-remissivo
(a numeração refere-se aos capítulos)

AGRAVO EM EXECUÇÃO: 20
ASSISTÊNCIA
   - à saúde: 4.1
   - e direitos do preso: 4
   - educacional: 4.4
   - jurídica: 4.2
   - material: 4.3
   - religiosa: 4.5
AUTORIZAÇÃO DE SAÍDA: 12
   - permissão de saída: 12.1
   - saída temporária: 12.2

COMPETÊNCIA
   - condenação pela Justiça Federal: 2.2
   - limites: 2.5
   - matéria jurisdicional: 2.3
   - matéria administrativa: 2.4
   - para a execução das penas privativas de liberdade: 2.1
   - para decidir sobre o trabalho externo: 7.5
   - para decidir sobre a permissão de saída: 12.1
CONVERSÃO DA PENA PRIVATIVA DE LIBERDADE
   - e multa: 17.3
   - em restritiva de direitos: 17.1
   - em medida de segurança: 17.2
CLASSIFICAÇÃO
   - e individualização da pena: 3

DATA-BASE: 9.1
DETRAÇÃO
   - imprópria: 5.2
   - própria: 5.1

DIREITO(S)
- de visita: 4.6
- de visita íntima: 4.7
- do preso e assistência: 4

DISCIPLINA
- aplicação das sanções: 11.5
- considerações sobre os critérios de avaliação: 11.1
- falta grave: 11.4
- poder disciplinar e procedimento: 11.3
- princípio da legalidade ou da reserva legal: 11.2
- prescrição da falta: 11.7
- regime disciplinar diferenciado: 11.6

FALTA DISCIPLINAR
- grave: 11.4
- grave e regressão de regime: 14.1
- prescrição: 11.7

INDIVIDUALIZAÇÃO DA PENA: 3
INSPEÇÃO DE ESTABELECIMENTO PENAL: 19
INTERDIÇÃO DE ESTABELECIMENTO PENAL: 18

LIVRAMENTO CONDICIONAL
- e princípio da progressividade: 16.3
- efeitos da revogação: 16.4.3
- reativação da pena: 16.7
- requisitos objetivos: 16.1
- requisito subjetivo: 16.2
- revogação obrigatória: 16.4.1
- revogação facultativa: 16.4.2
- suspensão: 16.5
- término e extinção da pena privativa de liberdade: 16.6

MEDIDA DE SEGURANÇA
- conversão da pena privativa de liberdade: 17.2
- remição: 8.12

MULTA CUMULATIVA
- inadimplemento no regime aberto: 14.4.2
- isenção do pagamento: 17.3

PECÚLIO
- constituição e liberação: 7.3

PENA
- conversões: 17
- disciplinar: 11.5
- extinção no término do livramento condicional: 16.6
- reativação: 16.7
- soma e unificação: 9
- unificação e continuidade delitiva: 10

PERMISSÃO DE SAÍDA: 12.1

PRISÃO DOMICILIAR: 15.3
- e remição: 8.7

PRESCRIÇÃO DA FALTA DISCIPLINAR: 11.7

PROCEDIMENTO
- administrativo disciplinar (PAD): 11.3
- judicial e recurso: 20

PROCESSO
- de execução criminal (PEC): 1
- de execução criminal provisório (PEC Provisório): 1.1

PROGRESSÃO DE REGIME
- após regressão: 13.3
- cumprimento de ao menos 1/6 da pena no regime anterior: 13.2
- crimes hediondos e equiparados: 13.4
- Lei 11.464/2007: 13.5
- requisitos: 13.1

RECURSO E PROCEDIMENTO: 20

REGIME ABERTO
- condições: 15.2
- prisão domiciliar: 15.3
- regras: 15.1
- transferência ou regressão: 14.4

REGRESSÃO DE REGIME
- condenação por crime anterior: 14.3
- fato definido como falta grave: 14.1
- fato definido como crime doloso: 14.2
- frustração dos fins da execução: 14.4.1
- inadimplemento da multa cumulativa: 14.4.2
- transferência do regime aberto: 14.4

REMIÇÃO
- cumulativa: 8.8
- domingos e feriados: 8.10
- ficta: 8.9
- natureza jurídica: 8.1

- pelo estudo: 8.6
- perda do direito: 8.2
- trabalho do internado: 8.12
- trabalho do preso provisório: 8.3
- trabalho durante prisão por crime anterior: 8.11
- trabalho externo: 8.4
- trabalho na prisão domiciliar: 8.7
- trabalho no regime aberto: 8.5

REMOÇÃO OU TRANSFERÊNCIA DO PRESO: 6
REMUNERAÇÃO PELO TRABALHO INTERNO
- destinação: 7.3

REVOGAÇÃO
- da saída temporária: 12.2.3
- do livramento condicional: 16.4
- do trabalho externo: 7.7

SAÍDA
- autorização de: 12
- para proqcura de trabalho: 12.2.2
- permissão de: 12.1
- revogação do benefício: 12.2.3
- temporária: 12.2
- temporqária automatizada: 12.2.1

SOMA E UNIFICAÇÃO DAS PENAS: 9
- condenações no mesmo processo ou em processos distintos: 9.2
- condenação superveniente: 9.3
- concurso de infrações: 9.8
- crime posterior ao início do cumprimento da pena: 9.4
- crime anterior ao início do cumprimento da pena: 9.5
- data-base: 9.1
- exemplos de soma das penas: 9.9
- pena superior a 30 anos: 9.7
- penas definitiva e provisória: 9.6

TRABALHO
- competência: 7.5
- cumprimento de 1/6 da pena: 7.6
- do preso: 7.1
- e remição: 8
- externo: 7.4
- interno: 7.2

- remuneração e pecúlio: 7.3
- revogação do benefício: 7.7

TRANSFERÊNCIA OU REMOÇÃO DO PRESO: 6

UNIFICAÇÃO
- continuidade delitiva: 10
- das penas: 9

VISITA
- direito de: 4.6
- íntima: 4.7

Impressão:
Evangraf
Rua Waldomiro Schapke, 77 - P. Alegre, RS
Fone: (51) 3336.2466 - Fax: (51) 3336.0422
E-mail: evangraf.adm@terra.com.br